KB101911

독자의 1초를 아껴주는 정성!

세상이 아무리 바쁘게 돌아가더라도
책까지 아무렇게나 빨리 만들 수는 없습니다.
인스턴트 식품 같은 책보다는
오래 익힌 술이나 장맛이 밴 책을 만들고 싶습니다.

땀 흘리며 일하는 당신을 위해
한 권 한 권 마음을 다해 만들겠습니다.
마지막 페이지에서 만날 새로운 당신을 위해
더 나은 길을 준비하겠습니다.

독자의 1초를 아껴주는
정성을 만나보십시오.

미리 책을 읽고 따라해 본 2만 베타테스터 여러분과
무따기 체험단, 길벗스쿨 엄마 기획단,
시나공 평가단, 토익 배틀, 대학생 기자단까지!

믿을 수 있는 책을 함께 만들어주신 독자 여러분께 감사드립니다.

(주)도서출판 길벗 www.gilbut.co.kr
길벗이지톡 www.eztok.co.kr
길벗스쿨 www.gilbutschool.co.kr

일 잘하는 사람들은 습관으로 승부한다

성과로 이어지는
일습관

성과로 이어지는 일습관

초판 발행 · 2020년 9월 23일

지은이 · 하지은
발행인 · 이종원
발행처 · (주)도서출판 길벗
출판사 등록일 · 1990년 12월 24일
주소 · 서울시 마포구 월드컵로 10길 56(서교동)
대표전화 · 02)332-0931 | **팩스** · 02)322-0586
홈페이지 · www.gilbut.co.kr | **이메일** · gilbut@gilbut.co.kr

기획 및 책임편집 · 박윤경, 김동섭(dseop@gilbut.co.kr) | **디자인** · 신세진 | **제작** · 손일순
영업마케팅 · 최명주, 전예진 | **웹마케팅** · 이정, 김진영 | **영업관리** · 김명자 | **독자지원** · 송혜란, 홍혜진

전산편집 · 트인글터 | **CTP 출력 및 인쇄** · 북토리 | **제본** · 신정문화사

ⓒ하지은, 2020
ISBN 979-11-6521-259-9 13320
(길벗도서번호 070374)

정가 15,000원

독자의 1초까지 아껴주는 정성 길벗출판사

길벗 IT실용서, IT/일반 수험서, IT전문서, 경제실용서, 취미실용서, 건강실용서, 자녀교육서
더퀘스트 인문교양서, 비즈니스서
길벗이지톡 어학단행본, 어학수험서
길벗스쿨 국어학습서, 수학학습서, 유아학습서, 어학학습서, 어린이교양서, 교과서

네이버포스트 · https://post.naver.com/gilbutzigy
유튜브 · https://www.youtube.com/ilovegilbut
페이스북 · https://www.facebook.com/gilbutzigy

일 잘하는 사람들은 습관으로 승부한다

성과로 이어지는
일습관

하지은 지음

길벗

습관이 중요하다는 말은 어려서부터 늘 들어왔습니다. 하지만 그
것이 왜 중요한지, 어떤 습관을 어떻게 가져야 하는지를 알려주는
사람은 없었습니다. 그리고 사회생활을 하면서 의외로 많은 이들
이 습관의 중요성을 인지하고 있지만, 실제 자신의 일에 어떤 영향
을 주는지 모르고 있었고, 그런 와중에 자신의 업무 영역에 어떻게
적용할지 고민하고 있음을 알게 되었습니다. 저 또한 그랬고요.

15년간 로펌, 대기업, 외국계기업, 벤처기업 등 다양한 분야의 조
직에서 비서로 일하며, 최고경영자와 그들의 VVIP, 조직에서 인정
받는 사람들과 함께했습니다. 다양한 사람들과 원만한 관계를 유
지하려면 정확한 소통과 업무 처리를 해내야 했고, 자기관리는 필
수였습니다. 저는 최선의 결과를 내기 위한 방법을 연구하며 일해
왔습니다.

현재는 직장생활을 하며 배운 자양분을 바탕으로 저만의 비즈니
스를 운영하고 있습니다. 일을 잘한다는 것은 열심히 하는 것과 다
릅니다. 일 잘하는 사람은 좋은 성과를 내는 것뿐 아니라 최소의
인풋으로 최고의 아웃풋을 내는 효율적인 사람을 의미합니다. 사

회생활을 하며 만난 사람 중에는 늘 최선을 다하지만 노력 대비 성과를 내지 못하는 이들도 있었습니다. 어떤 차이가 이렇게 다른 결과를 만드는 것일까요?

하고 싶은 일을 하며 인정받는 방법, 일습관으로 해결하자

많은 직장인이 매일 일은 하고 있는데, 눈에 띄는 성과는 나지 않는 것 같고 쳇바퀴 도는 듯한 생활에 의문들만 쌓여갑니다.

'나의 가치를 제대로 인정받고 있는 걸까?'
'내가 일을 효율적으로 하고 있는 걸까?'

특히 경력이 쌓이면 어느 정도 업무에 익숙해지고, 어떤 일이든 막상 주어지면 어떻게든 해낼 수 있다는 자신감이 생깁니다. 하지만 한편으로는 이런 노하우들이 정리가 안 되어 있다는 느낌도 받습니다.

'나름 열심히 하고 있는데 나는 왜 항상 분주한 거지?'

매일 해야 하는 일들에 치여 일정이 미뤄지거나, 하루 종일 잡혀 있는 회의로 정작 해야 할 일은 제대로 시작도 못한 채 하루가 다 가는 경험을 누구나 다 겪고 있을 겁니다.
저도 무조건 일만 열심히 하면 되는지 알았습니다. 경력은 쌓였지만 항상 분주했고, 어느날 정신없이 일을 처리하고 있다고 느꼈습니다. 경력이 쌓일수록 부여되는 권한만큼 늘어나는 책임과 업무량을 어떻게 감당해야 할지 고민하기 시작했습니다. 저는 빠르고 정확하게 일하는 방법에 대해 오래도록 고민한 끝에 한 가지 결론을 얻었습니다.

행동의 패턴, 습관을 정리하자

일의 효율을 높이기 위해서는 결국 자신만의 사고와 행동 패턴, 즉 일습관이 필요했습니다. 최종 결과물을 내는 데만 집중해도 결과를 낼 수는 있습니다. 하지만 일하는 방식에 따라 투자되는 에너지(시간, 비용 등)가 다름을 알게 되었습니다. 일 방식은 무의식중에 우리가 행하는 일습관을 뜻하고, 그 습관이 어떠하냐에 따라 자신이 소비하게 되는 에너지의 양이 달라집니다.

매너가 사람을 만든다는 영화 속 대사가 의미하는 것처럼 평소 우리가 가지고 있는 행동 양식, 즉 습관은 개인의 이미지와 역량에 많은 영향을 끼칩니다. 이미지가 눈에 보이는 습관의 외적인 부분이라면, 역량은 내적인 부분이라 할 수 있습니다.

평소 습관이 어떠한가에 따라 일상생활에서의 효율이 크게 달라집니다. 일에서도 마찬가지입니다. 일습관은 생산성을 높여주는 것을 넘어 삶의 질에도 영향을 줍니다. 일습관을 잘 만들어두면 시간이나 일에 끌려다니지 않고, 내가 중심이 되어 삶을 이끌어 갈 수 있게 됩니다.

이 책에 소개된 제가 직접 경험한 일들, 특히 실수를 통해 쌓은 일 습관들이 조금 더 효율적으로 일하면서 인정받는 성과를 내는 데에 도움이 되었으면 합니다.

1장에서는 습관으로 정착시키기 위해 기본적으로 이해해야 하는 것들에 대해 이야기하고, 2장부터는 실제 현장에서의 에피소드와 함께 바로 적용할 수 있는 습관을 소개하고 있습니다. 다만, 개인의 성향과 업무 스타일은 각양각색이기 때문에 한번에 모든 것을 적용하려고 하기보다는 상황별로 하나씩 적용하며 자신만의 방식으로 재해석된 일습관을 만들어나가시기 바랍니다.

하지은

차례

능력을 높이는 생각과 매너 습관

**3장
여유를
만드는 습관**

업무를 정리해두면 규칙이 보인다

일에 끌려다니지 않는 법

4장 부드러운 소통 습관

**5장
전문성을
높이는습관**

어차피 해답은 경험치

기록하면서 전문성을 키우는 습관

앞으로 할 일을 명확히 떠올리는 법

**6장
성장으로
이어지는 태도**

스트레스를 줄이는 마인드 관리법

지금 하는 일도 결국 '나'를 위한 것

1장
습관의 법칙

습관을 만드는 데
걸리는 시간

새로운 것에 적응하고 습관을 들이는 데 필요한 시간이 10,000시간, 100일, 66일, 21일이라는 등 다양한 의견들이 있습니다. 하지만 현실은 새로운 것을 시작하고 하루도 되지 않아 리셋되기 마련이죠. '21일은커녕 1주일이라도 할 수 있을까?' 하는 의구심이 드는 것은 당연합니다.

매일 해내지 못하는 자신을 발견하다 보면 습관을 만들기 위한 과정이 너무 멀게만 느껴지고 자신감이 떨어질 수도 있습니다. 다양한 연구 결과로 알려진 위와 같은 시간이 무의미한 숫자는 아닙니다. 다만 우리는 하나의 습관을 만들기 위해 더 중요한 것, '무엇을 습관으로 만들 것인지'가 필요한 걸지도 모릅니다.

좋은 습관을 가져야 한다는 것은 누구나 다 압니다. 그래서 나에게 필요한 좋은 습관이 무엇인지 그리고 그것을 어떻게 내 것으로 만들 수 있는지 방법을 찾아 책과 영상을 보고 강연도 듣습니다. 성공한 사람들 혹은 자기관리를 철저하게 하는 사람들의 습관개선 방법을 보며 따라 해 보기도 합니다. 하지만 웬만한 의지와 꾸준함이 있지 않은 한 습관이 들기도 전에 또 다른 방법을 찾습니다. 우리는 왜 이런 사이클을 반복하게 되는 것일까요?

혹자는 의지나 동기가 부족하다고 이야기할 수도 있습니다. 물론 그럴 수도 있겠지만, 사실 대부분 자신의 환경에 적합한 습관이 무엇인지 몰라서인 경우가 많습니다.

지금 가지고 있는 것부터 사수하라

어쨌든 습관을 들이는 데 시간이 드는 것은 분명합니다. 우리는 늘 하던 대로, 살아온 대로 편한 방식을 취하려는 뇌와 본능을 가지고 있으므로 변화는 늘 어려운 것입니다. 그 말은 즉 우리는 이미 자신의 삶이 편해지도록 하려는 습관을 가지고 있다는 말입니다. 그러니 그중에는 개선해야 할 부분도 있겠지만 분명 좋은 습관도 있을 것입니다.

습관을 개선하기에 앞서 내가 이미 가지고 있는 것을 잘 유지하되, 더 나은 습관이 축적되도록 해야 합니다. 보다 효율적인 삶을 살기 위해 좋은 습관을 가지려는 것인데, 습관을 형성하는 과정에서 너무 많은 에너지를 소비하게 되면 오히려 스트레스만 받게 될 수 있습니다. 그럼 효율이 되려 떨어지겠죠.

나의 습관을 알기 위해서는 먼저 '의식'하는 연습이 필요합니다. 현재 내 삶을 잘 유지하게 해 주는 습관에는 어떤 것이 있는지 체

크하고, 그 안에서 하나씩 개선할 부분을 찾아보는 거죠. 한 번 생
각해 보세요.

"내가 이미 가지고 있는 좋은 습관은 무엇일까?"

습관개선을 위한 첫걸음: 알아차리기

- **기존의 상태 알아차리기**
  먼저 변화를 주기 위해서는 기존의 상태를 알아차려야 합니다. 변화가
  필요한 부분을 발견하는 거죠.

- **기존의 습관으로 돌아가려는 나를 알아차리기**
  스스로 인지하는 순간 우리는 둘 중 하나를 선택하게 됩니다. 기존으
  로 돌아가느냐, 다시 마음을 다잡고 개선해 나가는 방향으로 나아갈 것
  이냐. 일단 인지했다면 당연히 후자를 선택하겠죠. 자신의 모든 행동을
  의식하려고 연습해 보세요. 그 연습을 위한 질문은 이렇습니다. '난 지
  금 무슨 생각을 하고 있고, 내 마음은 지금 어떻지?'

습관의 스노우볼 효과

매일 새롭게 시작하라

습관에도 스노우볼 효과가 있습니다. 습관적으로 하는 사소한 행동들이 모여 아주 큰 일을 만들어내죠. 소위 일 잘하는 사람들은 습관의 스노우볼 효과를 누리는 사람들입니다.

지금 일 잘하는 사람도 처음부터 모든 것을 뚝딱해내진 않았습니다. 매 순간 주어진 일을 하다 보니 노하우가 쌓이고, 반복되는 업무에 적응이 되어 처음 시작했을 때보다 처리 속도가 빨라진 것이죠.

그런데 그 습관이 비효율적인 습관이었다면 어떨까요? 습관은 스노우볼 효과를 가지고 있으니 비효율도 눈덩이처럼 불어납니다. 어느 정도 일을 했는데 답답함이 많이 느껴진다면 그런 눈덩이에 눌려서 답답한 걸지도 모릅니다.

제가 회사에 입사하자마자 처음 배운 것 중 하나가 문서 여백 설정이었습니다. 가로, 세로, 머리글, 바닥글 여백 사이즈와 폰트 사이즈를 어떻게 설정해야 하는지를 배웠습니다. 선배는 문서를 열자마자 능수능란하게 단축키를 활용하여 몇 초 내에 문서 작성 준비를 완료했습니다. 저는 여백 사이즈를 적어 둔 포스트잇을 모니터에 붙여 두고 매번 그것을 보며 설정을 확인했고, 단축키를 찾는데에도 시간이 걸려 상대적으로 일 처리가 느렸죠. 하지만 이것도 자꾸 반복되다 보니 금세 포스트잇을 보지 않고도 작업을 하는 저를 발견했습니다.

여러분들도 처음 회사에 들어와서 처리한 일 중 지금은 능숙하게 하고 있는 것이 있을 텐데요. 지금은 그때보다 더 많은 일을 하고 있지만, 조금 더 효율적으로 처리할 방법을 찾은 거겠죠.

습관개선 디데이는 오늘

일반적으로 사람들은 일정 기간을 정하고 그 기간 안에 습관을 가지겠다 생각합니다. 물론 목표를 가지고 움직이는 것은 좋습니다. 다만, 날짜를 매일 카운트해 나가는 것도 일이 될 수 있습니다. 'D-100, D-99, D-98 … D-80, 아직 반도 안 왔네?' 하는 마음이 들면서 지칠 수도 있고 하루라도 계획과 어긋나면 쉽게 흔들리게 되죠. 그러다 며칠 못하게 되면 자연스럽게 이런 말이 나옵니다. '내가 그렇지 뭐!' 결국 도중에 다른 방법을 찾거나 포기하게 되죠.

물론 100일간 열심히 해서 목표를 달성하는 사람들도 있습니다. 자, 그럼 101일이 되는 날부터는 노력하지 않아도 자연스럽게 몸이 알아서 움직일까요? 혹시 보상심리가 작동해서 101일째는 안 하게 되지는 않을까요? 뭔가 평소에 하던 것을 안 하면 어색하다는 생각은 들지만, 지속에 지나친 노력이 필요하면 결국 다시 이전의 모습으로 돌아가게 됩니다. 이러한 반복! 변화가 필요하겠죠?

어떻게 보면 우리에게 필요한 습관은 단순히 며칠간 유지될 성취가 아니라 평생 지속될 나만의 자산입니다. 지금 가진 습관을 한번 생각해 보세요. 살아오면서 임의로 만든 습관이 몇 개나 될까요? 무의식적으로 행하면서 몸에 축적된 것이 더 많을 것입니다. 하루 정도 놓쳤다면, 그 놓쳤다는 사실을 인지하면 됩니다. 그러고 나서 오늘부터 다시 습관을 가진다 생각하고 행동하면 됩니다. 오늘만 멈추지 않으면 반복하는 행동들은 어떻게든 이어집니다.

일을 하다 보면 업무나 일과가 익숙해지고 처음보다는 쉬운 느낌이 드는 시기가 찾아옵니다. 곰곰이 살펴보면 아마 어느 정도 무의식 속에 자리잡은 습관을 느낄 수 있을 것입니다. 이 시기가 되면 이제 업무에 더 관심을 가지고 자신의 업무 범위를 넓혀가야 합니다. 신뢰를 받고 있었다면 그 신뢰가 굳혀질 기회이고, 좋은 프로젝트에 참여할 기회가 눈앞에 있다면 그 기회가 당신의 것이 될 수 있습니다.

'과연 내가 하고 있는 일,
가고 있는 길이 맞는 것일까?'

의심은 당연한 일입니다. 자신을 의심하게 된다면 그때마다 '괜찮
아, 일단 해보자.' 하고 다독여 주세요. 인생은 정답이 아닌 해답을
찾아가는 과정이라고들 하잖아요?

습관은 곧 이미지, 개선은 관리

생각보다 좁은 세상, 이미지가 가치를 결정한다

새로 입사한 동료의 친구가 대학 동창이고, 학원에서 친구의 교회 친구를 만나고, 회사 동료가 친구의 동창인 일들을 겪다 보면 세상이 정말 좁다는 것을 느낄 수 있죠. 최근에는 SNS로도 맺어지는 인연이 많아지면서, 같이 아는 사이가 더 많아지고 있습니다. 이직하려는 기업에서 이전 직장 동료 또는 인사담당자에게 평판을 묻는 것을 평판조사 또는 레퍼런스 체크(Reference check)라고 하죠. 일부에서는 관례적으로 행하기도 하지만, 평판조사가 다음 직장에 영향을 주는 것은 일반적입니다. 이전 직장에서 평이 좋지 않았다면 좋은 이야기를 해주는 경우는 적겠죠. 이 경우 이직을 하면서 불이익이 생기는 건 어쩔 수 없습니다. 그래서 평판조사를 피하고자 경력을 숨기는 경우도 있죠. 그런 경우에도 어쨌거나 경력에서는 손해를 보게 됩니다.

최근에는 이력서에 개인 SNS를 공개하지 않아야 한다는 주장도 있습니다. 어찌되었든 지난 직장에서의 좋지 않은 평판은 능력을 떠나 자신의 몸값을 낮추는 일이기도 합니다.

저는 첫 직장에서의 평판이 10년이 지나서도 이어졌습니다. 첫 이 직은 동종 업계로 하게 되어 당연한 일이라 생각했지만, 다른 업계에 있는 기업으로 이직을 할 때도 파트너 관계다 보니 자연스럽게 레퍼런스 체크가 된 것입니다. 퇴사를 하고 몇 년이 지난 시점에도 인연이 이어진다는 것에 놀랍기도 하면서 세상이 좁다는 것을 실감했습니다.

잡지 못해 미안한 인재가 되자

H 사원은 지각은 당연하고 업무에서도 실수가 잦았습니다. 옆 동료는 지각을 일삼는 그를 위해 화장실 갔다고 둘러대는 것도 하루 이틀이고, 도와주기가 어려워 고민과 걱정이 많았습니다. 동료는 이런 자신의 마음을 솔직하게 설명했고, H 사원은 그 후 지각 횟수도 줄고 심지어 정해진 출근 시간보다 일찍 오는 날도 잦아졌습니다. 어느 날 H 사원이 고민이 있다며 동료에게 털어놓았습니다.

> "내가 아무리 잘해도 네가 그런 것도 하나는 반응이고, 잘하다가 한 번 실수하면 나는 원래 그런 사람이라고 하니까 너무 스트레스야."

나름 열심히 노력하고 있음에도 주변에서 잘한 점은 의아하게 보거나 그 정도는 당연히 하는 거라 생각하고, 못하면 '그럼 그렇지' 하는 눈으로 보는 모습이 힘든 것입니다. 그럼에도 불구하고 H 사원은 다른 사람들의 시선을 신경 쓰기보다 맡은 일에 최선을 다하는 것이 옳다는 생각으로 묵묵히 자신의 일에 집중했습니다. 궁금한 것은 적극적으로 질문하고, 실수한 부분은 계속 체크하면서 실수를 줄이려 노력했습니다. 결국 H 사원은 개인 사정으로 퇴사를 하게 되었지만, 퇴사 당시에는 더 함께하지 못해 아쉬운 사람이 되어 있었습니다.

내 이름이 브랜드가 되는 세상

자신의 이미지가 어떻게 굳어졌다고 해서 거기에 자신을 너무 옭아맬 필요는 없습니다. 그 사람들 생각은 그렇구나 하고 인정하고, 자신이 되고 싶은 이미지를 떠올려보세요. 시간이 걸려도 내가 먼저 노력해서 달라진 모습을 보여주면 언젠가 이미지는 바뀌게 됩니다.

이제 자신의 이름이 브랜드가 되고, 어디서나 그 가치를 인정받는 시대입니다. 자신이 가지고 있는 역량뿐만 아니라 인성, 대인관계 등 모든 것이 다양한 경로로 타인에게 전달됩니다. 일 잘하는 사람들이 어느 조직에서든 인정받는 이유가 바로 여기에 있습니다. 평소에 좋은 일습관을 가지고 있다면 언제 어디서나 누구와 일해도 효율적인 성과를 낼 수 있고, 본인의 이미지도 좋게 만들 수 있습니다.

우리는 내일 당장 어디서 누구를 만날지 모릅니다. 그리고 지금 옆에 있는 사람과의 인연이 앞으로 어떻게 될지도 알 수 없습니다. 우리가 알 수 있는 것은 단 한 가지입니다. 현재에 책임감 있게 임하고, 기본적인 것부터 충실히 하는 것. 그리고 그 과정들이 자신만의 길을 만들고 결국 자신의 이름을 빛나게 한다는 것입니다. 매일 맛집을 검색하기 위해 사용하는 #(해시태그)가 이제는 우리의 이름 앞에 붙을 수 있게 된 세상입니다. 세상은 넓은 듯하지만 좁고, 서로 간의 연결은 이제 넓게 펼쳐져 있습니다. 하는 만큼 혹은 그 이상으로 인정받고, 나의 가치도 존중받기 위해서는 나만의 좋은 습관이 필수입니다.

별거 아닌 게 별거다

"지난주 회의 자료 좀 다시 볼 수 있을까요?"

갑자기 상사가 지난주 회의 자료를 요청합니다. 당신은 바로 자료를 찾아 전달할 수 있나요? 아니면 자료를 찾기 위해 어디에 뒀었는지 기억을 더듬어 겨우 찾아야 하나요? 자료 정리를 잘 해 두었다면 금방 전달할 수 있을 것이고, 그렇지 못했다면 서류를 찾느라 상사를 기다리게 하거나, 재촉을 받을 수도 있습니다. 최악의 경우 서류를 새로 작성해야 할 수도 있죠.

중요한 회의를 위해 손님들과 회의실에 들어섰는데 이전 사용자의 자료나 흔적(화이트 보드에 남아 있는 판서, 노트, 마셨던 음료, 휴지통으로 들어가야 마땅한 것들)이 남아있거나, 상사가 요청하는 물품 하나를 찾기 위해 온 서랍을 열어야 했다면, 이후 상황은 엉뚱한 일에 시간을 쓰느라 비효율적이었을 것입니다.

만약 다른 사람이 이런 상황을 맞닥뜨린다면 어떤 생각을 할까요? 정말 바쁜가 보다 하고 이해하는 사람도 있겠지만, 한편으로는 '너무 정리가 안 되어 있네.', '앞에 이용한 사람 누구지?', '왜 이렇게 정리를 안 할까?'라는 생각을 할 것입니다. 일과 관련된 담당자를 한 번 더 살펴보게 되죠. '미리 준비 안 해 놓았나?', '평소에 정리할 시간이 없었나?'라는 생각과 함께 말입니다. 평소 좋은 이미지를 쌓아왔더라도 '별거 아니야!' 하고 사소한 부분이라 여기며 간과하는 습관으로 인해 이미지가 나빠질 수 있습니다.

내게는 별거 아닌 정보도 누군가에겐 중요하다

출근하자마자 L 임원이 어제 무슨 중요한 회의가 있었냐고 묻습니다. 별일 없었던 것 같아 무슨 일 때문인지 다시 여쭤보니, 책상 위에 놓여 있던 메모지에 세 명의 임원 이름이 적혀 있는 것을 보았다고 합니다. 업무상 기억해야 할 임원 리스트였을 뿐인데, L 임원은 본인이 참석하지 못한 회의가 있었는지 궁금했던 것입니다. 메모가 있던 자리가 비서실이라 더 예민하게 느꼈을 수도 있죠. 별거 아닌 메모 한 장이 누군가에게는 다른 생각을 하게 할 수도 있습니다.

직원들은 회의실 메모 보드에 적혀 있는 내용만 보고도 어떤 회의가 진행되었는지 짐작할 수 있습니다. 사내 직원들이 비서실에서도 모르는 정보를 알고 있거나, 보안 사항임에도 미리 알고 있는 경우가 종종 있었습니다. 출처를 파악해 보면 대부분 어디선가 보고 들은 내용을 바탕으로 추측하여 나온 이야기들인데 꽤 정확한 경우도 있었습니다.

이처럼 사람들은 우연히 들른 동료의 책상에 있는 서류나 메모를 보고 오해를 할 수 있으므로 책상 위 메모는 가급적 노출되지 않도록 수시로 정리하는 것이 좋습니다.

효율을 높여주는 환경 정비

일반적으로 사람들은 공부를 시작하기 전에 책상 정리를 합니다. 정돈된 환경이 집중력을 높여주기 때문이죠. 또, 환경을 정비하면 중복 업무를 최소화할 수도 있습니다. 청결한 환경에서 일하면 당연히 정신도 맑아지겠죠. 하지만 보통 출근하자마자 책상에 앉아 바로 일을 시작할 수 있습니다. 그래서 책상 정리는 사소해 보이고, 이메일은 중요해 보이죠.

모두 알고는 있지만 간과하기 쉽습니다. 그저 해오던 대로가 익숙하기 때문입니다. 그리고 한 번에 몰아서 하려고 하면 어디서부터 손대야 할지 몰라 다시 다음으로 미루곤 합니다.

자리 정리는 수시로 하는 것이 좋습니다. 신경 써서 정리하는 시간을 마련하라는 것이 아닙니다. 사용한 물건은 원래 자리에 두고, 보관해야 하는 문서는 바로 보관해 두는 습관을 들이는 거죠. 항상 업무 공간 정리가 잘 되어 있고 청결한 사람들은 기본적으로 집중력을 발휘할 수 있는 업무 환경이 조성된 경우가 많습니다. 갑자기 요청한 자료도 빠르게 찾아서 전달합니다. 효율을 높이는 이러한 습관은 정말 쉽지만 방심한 틈에 놓치기 쉽습니다.

기본 안에
핵심이 있다

어떠한 문제가 반복적으로 발생할 때 '근본이 해결되어야 해.', '본질부터 바로잡아야지.'라는 말을 하곤 합니다. 기본부터 바로잡고 해결해야 한다는 것이죠.

안정감 있게 벽돌을 쌓으려면 아래부터 하나씩 차곡차곡 쌓아야 하고, 튼튼한 건물을 짓기 위해서는 골격부터 잘 세워야 합니다. 운동을 배울 때도 기본자세를 정확하게 해야 근육이 손상되지 않고, 다른 동작을 할 때도 응용할 수 있습니다. 세 살 버릇 여든까지 간다는 속담처럼 시작단계부터 습관형성이 잘 돼야 합니다. 특히 습관은 우리 몸에 익혀져 긴 시간 동안 자리잡는 것이기 때문에 처음부터 기본적인 부분을 놓치면 이후에 변화를 주는 것이 더 어려워집니다.

우리가 흔히 말하는 근본적인 원인, 본질적인 이유 역시 잘못된 습관이 축적된 결과입니다. 이를 미리 방지하기 위해서는 기본적인 습관형성이 잘 이루어져야 합니다. 일할 때도 해야 하는 일들의 기본적인 것부터 잘 수행해야 이후에 이를 응용하며 노하우를 쌓을 수 있습니다.

하지만 기본부터 잘 다져야 한다는 것을 알면서도 간과하는 경우가 종종 있습니다. 기본에 충실해야 한다는 것은 아는 듯하지만 정작 뭘 해야 할지 모르는 경우가 많고, 누군가 이야기해줘도 귀담아 듣지 않는 경우가 많습니다. 이 정도는 내가 당연히 할 수 있고, 이미 다 하고 있다고 자신을 과신하고 있는 걸 수도 있죠.

문제를 차단하고 싶다면 기본적인 것을 점검하라

우리 주변에는 작은 부분도 세심하게 체크하며 꼼꼼한 피드백을 해 주는 사람이 있습니다. 보고서 줄 맞춤, 글자 크기 등에 교정 기호를 작성하며 겉으로 보기에 크게 티가 나지 않는 것을 콕 집어내는 것을 보면 '그냥 좀 넘어가지. 번거롭게.'라는 생각이 들기도 합니다. 때론 다음과 같이 말할 때도 있습니다.

> "이런 것쯤은 그냥 넘어가도 되지 않을까요?"
> "이런 것까지 봐야 해요?"

우리는 '이런 것'이 구체적이고 가장 기본이 되는 부분이라는 것을 알고 있지만 다른 한편으로는 작은 부분이라 생각하기 때문에 '이 정도쯤은 괜찮겠지.' 하는 마음으로 넘깁니다. 하지만 그때마다 기본적인 사항은 꼭 문제의 발단이 됩니다. 회의를 준비할 때 점검해야 하는 사항들로 예를 들어 볼까요?

회의 준비 전 체크리스트

- 회의 자료 작성 시, 글꼴과 크기 균일하게 맞추기
- 출력된 회의 자료 묶기 전 페이지별 출력 상태 확인하기
- 문서를 묶기 위해 사용되는 바인더의 모양 통일하기
- 회의 전 프로젝터 정상 작동 여부 확인하기
- 회의실에서 동영상 자료 재생 확인하기
- 회의 전 조사했던 자료가 업데이트되었는지 여부 확인하기
- 전달력을 높일 수 있는 보고서 양식 고려해 보기
- 회의 자료와 관련하여 예상 질문 생각해 보기

위 사항들은 회의 전 기본적으로 확인해야 하는 것 중 일부입니다. 하지만 무의식적으로 놓치게 되는 부분이기도 합니다. 회의 시 공유되는 내용은 정확한 정보와 사실이 바탕이 되어야 하고, 그와 관련되어 사람들이 궁금해할 수 있는 것에 대한 답변이 필요합니다. 회의 자료는 읽는 사람의 입장을 고려하여 내용을 구성하는 것이 기본이지만, 결과물을 만들어내는 것에 집중하다 보면 기본적인 준비를 놓칠 수 있습니다. 정보의 신선도는 신뢰와 연결됩니다. 실시간으로 변화하고 있는 정보화 시대에서 자신이 조사한 시점과 회의 시점 사이에 발생한 업데이트 사항을 적용하지 못

한다면 흐름을 놓치는 사람으로 인식될 수 있습니다.

최소한의 예의만 갖춰도 일이 편해진다

기본적인 깃들은 누구나 다 알고 있지만 사소하게 여겨져 놓치기 쉽습니다. 그래서 사람들은 기본이라 하면 굳이 말로 설명하지 않아도 다들 알아서 충분히 할 수 있을 것이라 생각합니다. 지나가는 직원 간 인사를 나누는 것, 일을 할 때 꼼꼼하게 처리하기 위해 메모하는 것, 같은 실수를 반복하지 않기 위한 노력 등은 옆에서 이야기해주지 않아도 알아서 해야 하는 기본적인 부분입니다. 만약 이러한 부분들이 잘 되지 않는다면 '기본도 안 되어 있는 사람이네!'라는 시선을 받기도 합니다. 하지만 모든 것을 다 알고 시작하는 사람이 어디 있을까요? 아무도 알려주지 않는데 우리는 어떻게 알아서 잘하는 사람이 될 수 있을까요?

사람 간에는 최소한 지켜야 하는 예의범절이 있죠. 이는 업무 시에도 동일하게 적용됩니다. 함께 일을 하면서 타인에게 불편을 주지 않기 위해, 모르는 부분이 있으면 알아가기 위해 노력하고, 실수했다면 반복하지 않는 방법을 찾는 것이 관계에서의 기본적인 예의입니다. 이 습관이 자리잡고 있다면 함께 일하고 싶은 동료가 되는 것은 시간문제겠죠. 우리는 이미 많은 자기계발서에서 '기본의 중요성'에 대해 자주 접했습니다. 하지만 여기서 우리가 생각해 보아야 하는 것은 단 하나입니다.

'기본적인 것들을 실행하고 있는가?'

기본이라는 개념은 중요한 부분이지만, 많은 이들이 가볍게 넘겨 버리곤 합니다. 만약 지금도 뻔한 이야기라 넘기고 있다면 다른 책을 읽더라도 큰 행동의 변화는 기대하기 힘들겠죠. 가장 중요한 것은 바로, '기본을 실행하는 것'입니다.

우리는 누구나 일 잘한다는 소리를 듣고 싶어 합니다. 솔직히 말하면 일 잘한다는 소리를 들으면 기분이 좋습니다. 이에 사람들은 자신의 역량을 발휘할 수 있고 자존감을 높일 수 있는 일을 선택합니다. 자신의 능력을 인정받고 일 잘한다는 칭찬을 받는 것은 좋은 일이기도 하면서, 다음 단계로의 발전을 돕는 원동력이 됩니다.

모든 것의 본질은 작고 사소해 보이지만 아주 기본적인 것에서 파생됩니다. 기본이 잘 갖추어져 있어야 전략도 세울 수 있습니다. 일을 효율적으로 잘 하기 위해서는 평소 무의식적으로 나오는 기본적인 습관이 단단한 초석이 되어야 합니다. 세상에는 똑똑한 사람들, 일 잘하는 사람들이 너무 많습니다. 그 안에서 차별화될 수 있는 경쟁력은 오히려 기본기에 충실한 태도입니다. 습관이라는 것도 이러한 태도가 기본으로 깔려있을 때 더욱 쉽게 형성될 수 있습니다.

할 일 목록 관리법

매일 할 일 목록을 정리하기 위해 다이어리나 노트를 활용할 수도 있지만, 지속적으로 해야 할 일을 정리하거나 함께 기억하기 위해서는 엑셀을 추천합니다. 엑셀을 활용할 경우, 1개의 시트가 하루 할 일 목록이 됩니다.

- **상단과 하단 목록으로 구분하기**

  PC의 한 화면에서 중반부를 경계로 하여 상단에는 오늘 할 일을 작성하고, 하단에는 내일 이후의 할 일을 작성합니다.

- **가로줄은 4~7열로 나누어 항목 입력하기**

  기본적으로 날짜, 할 일, 상세 내용, 진행 여부를 작성하고 조금 더 상세하게 기록한다면 진행 현황과 관련 담당자, 우선순위 등을 포함합니다.

- **우선순위 쓰기**

  우선순위대로 기재가 되면 좋지만 바로 알기가 어렵다면 우선 적은 후, 정리하는 방법도 있습니다. 목록 옆에 우선순위가 높거나 중요한 것은 P(Priority) 또는 자신이 알아볼 수 있는 표시를 해 둡니다.

- **처리 완료된 일은 체크해 두고, 해당 페이지를 복사하여 사용**

  하단 시트명에는 '날짜'를 표기하고, 복사된 페이지에서 전날 완료된 목록은 삭제 후, 오늘 해야 할 일을 추가합니다. 이때 하단 목록에 있던 할 일 중 오늘 날짜에 해야 하는 일이 있다면 상단 목록으로 옮겨 줍니다.

  매일 작성한 시트가 30~31일이 되면, 새로운 파일로 복사하여 새로운 달을 시작합니다. 하나의 파일에 계속 기록해도 되지만, 검색 및 로딩 속도가 길어질 수 있으니 한 달에 1개의 파일로만 작성하는 것을 추천합니다.

쌓일수록 견고해지는 시스템

"일을 할 때 좋은 결과를 낼 수 있도록
하는 습관은 어떤 습관인가요?"

사람은 누구나 자신만의 습관이 있습니다. 어린 시절 생긴 것부터 사람들과의 관계 속에서 형성된 것까지 다양합니다. 현재 어떠한 습관을 가지고 있든 우리가 앞으로 집중해야 하는 것은 '건강한 습관'으로 만들고 유지하는 것입니다. 건강한 습관이란 어떠한 상황에서도 중심을 잡을 수 있도록 해 주고 개인과 주변 모두에게 좋은 영향을 주는 습관을 의미합니다.

업무 시, 혹은 대화할 때 무의식적으로 나오는 습관에는 무엇이 있을까요? 현재 가지고 있는 다양한 습관 중 유지하면 좋은 것은 어떤 것일까요?

저는 어떤 일을 진행하는 동안 그 일에 집중할 때보다 다른 일을 하고 있을 때 아이디어나 체크해야 할 것들이 떠오르는 경우가 많습니다. 그래서 아이디어가 생각날 때마다 메모하기 시작했고 이는 업무에 많은 도움이 되고 있습니다.

처음에는 저의 기억력을 믿고, 다시 그 일을 하면 생각날 것이라 생각했습니다. 물론 그렇지 못한 날이 더 많았죠. '아까 생각했는데 뭐였지?' 하며 자리에 앉아 생각하려고 해도 도저히 기억이 나지 않는 것입니다. 메모를 시작하고, 습관을 들인 이후 메모의 양이 늘어날수록 업무에서 놓치는 부분은 줄어들었습니다. 메모는 해야 하는 일을 꼼꼼하게 챙기는 것 외에도 같은 실수를 반복하지 않도록 도움을 줍니다.

자주 접하지 않는 일들은 기억 속에 잠들어 버리기 쉽습니다. 그래서 가급적 꼼꼼하게 메모하고 계속 체크하는 습관을 갖는 것이 좋습니다. 이제는 간혹 생각난 것을 메모하기 전에 혹시나 기록해 두었던 것이 있는지 확인해 보는데, 그 내용이 적혀 있는 경우도 종종 있습니다. 차곡차곡 쌓인 메모들을 정리하는 시간이 필요하기도 하지만, 생각했던 기록을 정리하다 보면 더 좋은 아이디어가 생각날 때도 있습니다.

습관을 만들거나 고치려면 전체 시스템을 바꿔라!

우리는 유명 가수나 댄서들을 보면 직감적으로 그들이 얼마나 많은 노력을 했을지 압니다. 여기서 노력은 반복이고, 곧 숙련도로 이어집니다. 연습 전후 자기관리, 평소 생활습관 등과 같이 더 잘

하기 위해 하는 모든 일련의 행동들이 습관으로 자리잡습니다. 사람들은 일반적으로 긴장하면 평소 습관이 무의식적으로 나오기 마련인데, 그들이 큰 무대에서도 멋진 모습을 보여줄 수 있는 것은 그만큼 몸에 밸 정도로 노력하고 반복했다는 의미입니다.

즉 최종적인 결과물을 보여주기 위한 모든 활동은 시스템화되고, 시스템화된 활동의 반복이 좋은 습관으로 안착되는 것입니다. 만약 어디서나 운동을 하는 습관을 가지고 있다면, 시간이 날 때마다 운동하게 될 것이고 건강한 몸은 자연스럽게 따라오게 됩니다. 무의식적으로 하게 되는 습관은 쉽게 흔들리거나 사라지지 않습니다. 그래서 매사에 도움을 줄 수 있는 건강한 습관들이 내 몸의 시스템 일부로 자리잡으면 일을 할 때도 훨씬 수월해지는 것입니다.

시스템화한다는 것은 하나의 일을 하는 것이 바로 다음에 해야 하는 일로 이어지게끔 하는 것입니다. 예를 들어 회사 출근 시간보다 여유롭게 일찍 도착하고 싶다면, 기상 시간부터 외출 준비 시간까지의 습관을 살펴보세요. 그리고 매일 저녁 취침 시간과 잠들기 전 하는 일들도 정리해 보는 것입니다. 우리의 모든 생활은 연결되어 있으므로 하나를 위해서는 그 일련의 과정이 시스템화되어야 합니다. 과정의 반복이 습관이 됩니다.

일상 속에 자리잡은 습관은 당신이 안정적으로 나아갈 수 있게 해줄 것입니다. 그리고 그런 습관들을 연결해 보세요. 그것은 곧 시스템이 되어 당신을 자동으로 움직이도록 해 줄 것입니다.

집중력을 높여주는 건강한 루틴 만들기

- **출근 후 자리 정리**
  - 책상 위는 전날 퇴근 시 정리해 두기
  - 출근 후에는 물티슈나 먼지떨이로 밤사이 쌓인 먼지만 정리할 수 있도록 하기

- **할 일 목록 정리**
  - 이메일 확인 전, 전날 퇴근 시 정리한 할 일 목록 재확인하기
  - 밤사이 업데이트된 사항을 정리한 후, 이메일 확인하기
  - 이메일 회신 전, 할 일 목록에 이메일 관련 내용 한 번 더 업데이트하기
  - 할 일 목록의 우선순위에 맞춰 업무 진행하기
    (단, 근무시간 중 추가적으로 발생하는 업무들은 수시로 할 일 목록 내용과 함께 확인)

- **퇴근 전 자리와 할 일 정리**
  - 당일 할 일 목록 중 마무리된 것과 내일 해야 할 일 정리하기
  - 책상 위 업무 내용이 노출되지 않도록 깨끗하게 정리 후 퇴근하기

행동의 힘으로 가치 전달하기

"책을 그렇게 많이 읽으면서 왜 매번 같은 고민을 하는 거야. 책만
많이 읽으면 뭐해. 실행을 해야지. 이미 알고 있지만, 행동으로 안
옮기는 것뿐이잖아."

늘 고민을 안고 사는 저에게 동료가 농담으로 던진 한마디였습니
다. 정신이 번쩍 들었죠. 답을 얻고자 열심히 독서를 해도 그대로
인 이유를 동료가 알려준 것입니다. 결국 저도 머리로는 이해하지
만, 실제 행동으로 옮기지는 못하고 있었던 것입니다. 책을 눈으로
만 읽고 그 내용을 나의 것으로 만들지는 못한 것이지요.

백 마디 말보다 한 번의 실천이 중요하다

과제가 주어졌을 때 어떻게 해결하면 좋을지 방안이 나올 때까지
생각만 하기보다는 떠오르는 생각들, 얻게 된 정보들을 대입해서

하나씩 해 보는 것이 중요합니다. '어떻게 하면 일을 잘할 수 있을까?'를 고민하기보다, '일단 할 수 있는 것이 뭘까?'를 고민하며 하나씩 시도해 보는 것도 일 잘하는 사람들의 습관입니다.

지금보다 나은 모습을 기대하며 책도 읽고 강의도 듣지만, 제자리를 맴도는 기분이 들 때가 있습니다. 또, 새해마다 목표를 새롭게 정하지만, 한 달을 지키기가 어렵죠. 내일은 일찍 일어나야지 하고 마음먹지만 일어나보면 평소에 일어나던 시간입니다. 분명히 다짐하고 행동에 돌입했는데, 어떤 부분이 잘못된 걸까요? 이때 점검해 보아야 할 요소가 몇 가지 있습니다.

"지금은 아니라고 하고 있지는 않나요?"

이런저런 이유로 지금 당장은 어렵다며, 언젠가 찾아올 기회를 기다린다면 그 기회는 영영 오지 않습니다. 며칠이 지나면 지금보다 더 큰 과제들이 다가올 테니까요. 늘 자신의 행동을 가로막는 기회비용은 존재합니다. 지금 떠오르는 이런저런 이유는 스스로 만드는 바리케이드입니다. 다 철거하기 위해 하나씩 점검해 보세요. 생각보다 더 많은 기회의 문이 열리기 시작할 것입니다.

"사실 나는 안 될 거라 생각하지는 않나요?"

다른 사람은 되는데 나만 안 될 이유가 있을까요? 오히려 그들은 하지 못하고 나이기 때문에 할 수 있는 일들이 있을 거예요. 단지 지금은 당신의 시선이 나의 성공 사례가 아닌 타인의 성공 사례에 초점이 맞춰져 있기 때문에 내 안의 숨은 보석을 보지 못할 뿐입니다. 이렇게 겉으로는 자신 있는 척하지만 속으로는 포기하는 경우도 있죠. 지금까지 원했던 것을 성취했던 경험을 떠올려보세요. 당신은 이미 충분히 해낼 수 있는 사람입니다.

Get ready! And action!

작심삼분이 되는 경우도 많습니다. 하지만 일단 마음을 먹었다는 것이 중요합니다. 삼일이든 삼분이든 기존의 습성으로 돌아가려 한다면 다시 마음을 다잡으면 됩니다. 그런 실천의 반복이 결국 원하는 결과로 당신을 이끌어 줄 테니까요.

책을 많이 읽는 것보다 한 권을 읽더라도 본인에게 필요한 부분을 읽고 실천하는 것, 강의 하나를 듣더라도 나에게 맞는 내용을 찾고 적용해 나가는 것이 중요합니다. 즉 양보다 질, 행동이 중요한 것이죠. 새로운 아이디어가 떠올랐을 때 실행하여 결과물을 내놓는 사람이 최초의 아이디어 생산자가 됩니다. 먼저 행동하는 사람이 결국 해내는 사람입니다.

앞으로 나아가기 위해서는 발을 땅에서 떼야 합니다. 변화하고 싶다면 액션이 필요합니다. 행동을 통해 몸이 기억하도록 하고 유지해 나갈 때 비로소 내 것이 됩니다. 변화는 그때 시작됩니다.

우리는 늘 바로 행동해야 하는 것을 알면서도 미루게 되는 습성을 가지고 있습니다. 그것 또한 습관이 되고 스스로 장애물을 만드는 것입니다.

생각이 났다면 '언제 할까?', '내일 하지, 뭐.'가 아니라 지금 바로 실행해 보세요. 의외로 예상시간보다 빠르게 처리해 내는 자신의 모습을 보게 될 겁니다.

'내가 과연 할 수 있을까?' 하는 생각이 들 수 있습니다. 그럼에도 불구하고 '일단 해보자.'를 선택하기 바랍니다. 그것이 곧 자신의 가치를 완전하게 전달하는 힘이 되는 습관입니다. '내일 하지, 뭐.'라고 생각했으면 정말 내일 할 일 1번으로 두세요.

업무력을 높이는 핵심 습관

- 습관을 만드는 데 걸리는 시간에 집착하지 말고, 지금 가지고 있는 것을 사수하라.

- 습관은 하루라도 빨리 만들어라. 그 효과는 훗날 큰 결과로 나타날 것이다.

- 습관을 잘 만들어두면 좋은 이미지는 따라온다.

- 별거 아닌 것, 기본적인 것을 무시하지 마라. 거기서 습관이 만들어진다.

- 습관은 방향을 잡고 나면 견고해진다. 바꾸려면 전체를 뜯어고쳐라.

- 오늘 당장 시작할 때 새로운 습관을 들일 수 있고, 원래 습관을 바꿀 수 있다.

2장
비즈니스의 기본 습관

신뢰를 쌓는 기본 습관

믿음을 쌓으려면
좋은 경험을 먼저 줘라

저는 경력 10년 차가 넘어선 시점에 합류하게 된 조직에서도 처음에는 상사의 공식적인 일정, 현재 진행되고 있는 사내의 업무 중 일부만 전달받았습니다. 아직 신뢰받지 못하는 기분이 들어 서운하기도 했죠. 하루는 경력자로 입사한 다른 부서 직원도 저와 비슷한 고민을 하는 것을 알게 되었습니다.

저는 이때 상사와도 서로를 알아가는 기간이 필요하다는 것을 알게 되었습니다. 처음 만나자마자 상대를 다 알 수 없으니 직접 느끼고 경험하면서 서로 조금씩 알아가야 하는 거죠. 당장 신뢰가 형성되지 않는다고 힘들어하지 않아도 됩니다. 회사도 서로 다르게 살아온 사람들이 각자의 생각대로 일을 하는 곳이니 맞춰가는 시간이 필요합니다. 보통 그 과정에서 자연스럽게 신뢰도 형성됩니다.

기본적으로 신뢰를 형성하는 일에는 솔직한 것, 약속과 시간을 잘 지키는 것, 양해가 필요할 때는 미리 이야기하는 것, 불법인 일을 하지 않는 것, 상대의 이야기를 잘 들어주는 것, 자신이 했던 말에 책임감 있게 행동하는 것, 정직한 모습 등이 있습니다. 상사가 이런 모습을 직접 보고 경험하면 신뢰는 금방 쌓이고 함께 중요한 일을 하고 싶어지지 않을까요?

반대로 신뢰를 무너뜨리는 일도 있죠. 같은 실수가 반복되거나, 마감 기한을 맞추지 못하고, 항상 빠듯하게 처리하여 일의 진행에 어려움을 겪는 경우가 많았다면 그 사람을 충분히 믿을 가능성이 낮습니다.

어디서나 일 잘한다는 평을 받는 사람들은 현재 자신에게 주어진 일을 통해 먼저 좋은 경험을 주려합니다. 일에서도 기브 앤 테이크 정신을 발휘하는 것이죠. 좋은 경험을 먼저 주고 더 좋은 경험을 받는 습관이 배어 있습니다.

신뢰를 통해 상대의 마음을 얻을 수 있다

사람들은 신뢰하는 사람의 말을 듣고 행동하기도 합니다. 이는 상대의 말, 더 정확히는 그 사람에 대한 신뢰가 있기 때문이죠. 함께 하는 동안 서로 긍정적인 경험을 했기 때문입니다. 상대가 하는 언행과 존재 그 자체만으로도 좋은 에너지가 전달되고 서로에게 긍정적인 영향을 주었다는 것입니다.

서로 존중하는 마음을 기반으로 하는 행동은 신뢰 관계를 만들고, 그 안에서 서로를 멘토로 삼으며 상대방처럼 행동하거나 노력하는 사람들도 있습니다. 내가 만약 누군가에게 믿음을 주고자 한다면 이와 마찬가지로 신뢰를 줄 수 있는 언행을 보여야 합니다. 여기서 나의 언행이 상대의 공감을 얻을 수 있다면 그 속도는 조금 더 빨라질 수 있겠죠. 하지만 누군가의 공감을 얻어내는 것은 생각처럼 쉽지 않습니다. 신뢰를 얻는다는 것이 쉽지 않은 이유이기도 합니다.

결국 믿을 만한 사람이라는 것은 신뢰를 주는 모습을 많이 봤다는 의미와 통한다고 볼 수 있습니다. 믿는다는 것은 함께 하고 싶다는 의미입니다. 사람의 마음을 얻는 것의 시작은 상대방이 신뢰를 느낄 수 있는 경험을 쌓아 나가는 것임을 기억해야겠습니다.

안정적으로 쌓인 신뢰가 바탕이 된 관계는 상호 간의 업무진행을 원활하게 해주는 매개가 되어줍니다. 만약 다른 조직으로 이동하게 돼도 서로 응원하며 좋은 관계로 남을 수 있도록 합니다. 이처럼 한 번 형성된 신뢰 관계는 오래 이어질 수 있지만, 한순간의 실수로 잃어버릴 수도 있습니다. 꾸준한 노력이 필요한 것이죠.

신뢰감 있는 직원의 비밀

주변에는 유독 다른 사람들의 신임을 한몸에 받고 좋은 기회가 왔을 때도 제일 우선순위로 고려되는 사람이 있습니다. 이런 사람들에게는 어떤 공통점이 있을까요? 이들은 기본적으로 세심하게 주변 사람들을 신경 쓰면서 일하고, 업무나 일을 자신의 성장 방향과 같게 이끌어 간다는 특징이 있습니다.

세심한 관심과 작은 배려

업무를 통해 만나는 대부분의 사람은 친분을 쌓기 이전에 비즈니스 관계인 경우가 많습니다. 비즈니스의 생명은 신뢰죠. 맞춰주거나 보여주기 위한 행동은 상대를 위한 마음에서 시작된 것이 아니므로 관계를 지속하기 어렵게 만듭니다. 상대방도 그 마음을 읽을 수 있기 때문이죠. 반대로 상대를 존중하고 소중히 생각하고 있다면 이 역시 말이나 행동을 통해 드러납니다. 여기서 시작되는 것이 배려입니다.

일할 때도 나의 입장을 고려해주는 사람과 함께 하고 싶은 것은 당연한 일입니다. 사소하더라도 타인의 입장과 감정을 고려해서 행동한다면 사람들의 신임을 얻을 수 있습니다. 중요한 사람, 함께 하고 싶은 사람이라 여겨지는 것이죠.

사람들은 작고 사소한 챙김을 받았을 때도 크게 감동합니다. 행동의 차이는 관심의 차이에서 나옵니다. 출근할 때 인사를 나누며 상대방의 컨디션을 짐작할 수 있듯이 상대에 관한 관심이 있다면 이는 행동으로 자연스럽게 드러납니다.

유연하지만 분명한 목표

회사는 일반적으로는 좋은 결과물을 낼 수 있는 사람에게 일을 전달합니다. 중요한 프로젝트나 업무, 역할일수록 더 그렇겠죠. 이러한 특수한 일들은 자신의 이력 사항에 긍정적인 항목으로 남을 수밖에 없습니다. 이것이 평소에 신뢰를 쌓아두어야 하는 이유입니다.

자신의 업무가 중요해질수록 목표는 명확해집니다. 사소한 부분도 놓치지 않고 꼼꼼하게 잘 진행하기란 번거롭지만 그렇게 신뢰를 다져두면 언젠가 기회가 옵니다.

하지만 아무리 잘난 사람도 혼자만의 힘으로 좋은 결과물을 내놓기는 어렵습니다. 모든 조직은 협업을 하므로 동료 혹은 타 부서의 도움을 받아야 하는 경우가 발생합니다. 이때 그동안 쌓인 신뢰가 발휘됩니다. 앞서 이야기한 배려와 세심함을 발휘하는 것은 언뜻

보기에 나보다 상대를 생각하고 일하는 듯하지만, 그 모든 것은 결국 나를 위한 기반이 되어 줍니다. 이를 바탕으로 혼자가 아닌 모두의 힘으로 목표를 이룰 수 있게 되는 것입니다.

직장에서는 대부분 상사의 지시 사항을 듣고 일을 진행하므로 상사가 원하는 대로 하는 경우가 많습니다. 그것이 제일 편하기도 하죠. 하지만 가끔은 이런 말을 듣기도 합니다.

팀장 "이거 왜 이렇게 했어요?"

나 "지난번에 이렇게 하라고 말씀하셔서 했는데요."

팀장 "그때랑 지금은 다르죠! 상황이 다른데……."

그저 평소대로 했을 뿐인데 팀장의 말을 들으니 어느 장단에 맞춰야 할지 모르겠습니다. 전혀 새로운 것을 가지고 가자니 왠지 하라는 대로 안 했다고 한 소리 들을 것 같고, 그대로 하자니 위와 같은 말을 들을까 걱정이 앞섭니다.

일의 목표를 자신이 성장하는 방향과 연결해서 생각하는 사람들은 같은 업무라도 상황에 맞게 더 나은 방법을 찾습니다. 성과의 발전이 곧 자신의 발전이기 때문이죠. 기존에 상사가 원했던 방식대로 하되, 상황을 재해석하고 자신만의 아이디어가 있다면 함께 전달하는 것입니다. 옵션으로 제공하는 새로운 아이디어가 채택되면 좋지만 그렇지 않더라도 최소한 노력한 모습은 보여줄 수 있겠죠. 생각을 달리하면 결과물은 자연스럽게 업그레이드되고 그것을 실행하는 주체인 당신이 성장하게 됩니다. 결국, 회사의 성장을 위해 꼭 필요한 사람이 되는 것입니다.

언제나 솔직하게 상대를 대하라

업무를 하다 보면 서로 의견이 엇갈리는 경우가 발생할 수 있습니다. 누구의 말이 좋다 나쁘다가 아니라 각자의 생각이 다른 것이므로 이를 맞춰가는 과정이 필요합니다. 사실 이는 함께 성장하고 시너지를 내기 위한 건강한 방식입니다.

하지만 간혹 자신이 한 말을 번복하거나, 하지 않았다고 하는 사람, 언행 불일치가 심한 사람을 만나면 난감한 상황을 피하기 어렵습니다. 특히나 입만 열면 허풍에 거짓말을 일삼는 사람을 보면 처음에는 그가 하는 말을 믿다가도 나중에는 믿기 어렵게 됩니다.

물론 누구나 가끔은 오해를 받는 상황이 생기기도 합니다. 하지만 신뢰가 있다면 오해는 쉽게 풀리기 마련이고 관계는 더욱 돈독해질 수 있습니다. 믿을 수 있다는 것은 어디를 들춰봐도 거리낄 게 없는 상태를 말합니다. 불미스러운 상황이 발생해서 서로를 의심하게 되더라도 그 상황을 다시 들춰보았을 때 문제가 없다면 믿음은 더 확고해집니다.

신뢰를 갖게 되는 데는 여러 요소가 작용하지만, 그중 가장 핵심은 '일관되고 솔직한 모습'입니다. 어떤 상황에서도 있는 그대로의 모습을 보여주려 노력하면 안정적으로 신뢰를 쌓아 나갈 수 있습니다. 최소한 거짓말은 하지 않는 사람이 되는 것이죠.

중요한 순간에 자신의 위기를 모면하려 핑계를 대거나 좋은 말로
둘러대더라도 눈빛, 표정, 몸짓 등의 비언어적 요소에서 부자연스
러움이 드러난다는 것을 잊지 마세요.

인정받으려면
최소한 실수는 인정하자

이미 공유된 정보를 잘못 알고 있는 것, 잘못된 정보로 작성한 이메일, 계약서, 전달사항 등 실수는 사소한 것부터 큰 손실을 주는 것까지 다양합니다. 이처럼 언제 어디서 어떻게 발생할지 모르는, 예측 불가능한 실수에 어떻게 대처하고 있나요?

혹시 인정하기 두려워, 모른척 하지는 않았나요? 책임을 다른 사람에게 넘기려 한 적은 없나요? 상대에게 부족한 부분을 감추고 싶어서, 상사에게 혼날 것 같아서, 무시당할 것 같아서, 굳이 말하지 않아도 될 것 같아서 등 다양한 이유로 실수를 회피합니다. 아예 잊어버리는 경우도 있습니다. 결국, 상대에게 인정받고 싶은 마음, 믿음을 잃고 싶지 않은 마음 때문입니다. 그래서 실수를 해도 없었던 일처럼 넘어갔으면 하는 거죠.

신입 때는 처음 하는 일이라서, 알려준 내용을 깜빡하거나 아예 몰라서 실수하기도 합니다. 그래서 보통 신입의 실수는 용서받기 쉽습니다. 하지만 이러한 실수는 경력이 쌓여도 똑같이 발생합니다. 경력자들은 나는 경력이 있으니 '실수하면 안 돼.', '오점을 남겨서는 안 되지.' 하며 불가능한 완벽함을 꿈꾸기 시작합니다. 자신을 완벽주의라는 강박 속에 몰아넣는 것입니다. 그럴수록 긴장하고 예민해지는 자신을 발견하게 됩니다. 한시라도 잘못될까 봐 혼자 안절부절못하고 작은 부분에도 민감하게 반응하는 것이죠. 실수는 여유롭게 일하지 못할 때 더 빈번하게 발생합니다.

저도 10년 차가 넘으면 프로페셔널하게 일을 처리하는 사람이 되어 실수 따위 하지 않을 것이라 생각했지만, 오히려 어이없는 실수들에 자책하고 땅을 파서 숨고 싶은 날들이 많았습니다. 그래서 더 꼼꼼하게 살피고, 겸손해져야겠다고 생각했습니다. 더 중요한 일은 마음을 다잡는 것이었습니다. 일단 인정하는 것이죠.

"나는 실수할 수 있는 존재다."

흔히 내려놓는다고 표현하기도 하지만, 정확하게 표현하면 내가 나를 인정해 주는 것입니다. 타인에게 인정받지 못할까 봐 자신을 불안 속으로 몰아넣기 전에 말이죠. 이 세상에 태어나서 단 한 번도 실수하지 않은 사람이 있을까요? 성공한 사람도 조금만 안쪽을 들여다보면 의외의 허당인 경우가 많습니다. 평소 완벽한 것 같던 사람에게 빈틈이 있다는 것만으로도 인간적인 면을 느끼게 됩니다. 심지어 그들은 자신의 허점을 숨기려 하지 않습니다. 오히려 부족한 부분은 인정하고 도움을 구합니다.

일에 관한 결과가 나 자신에게만 국한되는 경우라면 혼자 알아서 정리하면 됩니다. 하지만 회사에서 하는 대부분의 일은 모두 함께 하므로 '나 혼자 조용히 넘어가면 되겠지!' 하는 판단도 결국 모두에게 영향을 주게 됩니다. 스스로 인정하지 않는 자세는 타인에게도 피해를 줄 수 있습니다. 그러니 실수를 인정하고 그다음 단계를 빠르게 준비하는 것이 서로를 위하는 지름길입니다.

실수는 곧 성장의 기회다

실수는 성장의 발판입니다. 나를 더 강하게 만들어 주고, 많은 것을 알게 해주는 고마운 친구 같은 존재입니다. 서로에게 부족한 부분을 채워 나가며 완벽한 그림으로 완성되어 가는 것이죠. 실수는 더 나은 내가 되기 위한 필수 요소입니다. 사람뿐 아니라 기업도 성장 가도만을 달리다가는 갑작스레 위기가 찾아왔을 때 한 번에 무너질 수 있습니다.

만약 성과를 내고도 무엇을 잘했는지 잘못했는지 모른다면 선배가 되었을 때 후배에게 어떤 조언도 해 줄 수 없습니다. 그렇다고 해서 실수를 계속해도 괜찮다는 것이 아닙니다. 실수할 수 있는 자신을 먼저 인정해 주고, 다독여 주어야 한다는 의미입니다. 한 번 실수할 때마다 '나는 그 분야의 전문가가 되고 있다.', '이러한 경험과 노하우로 다양한 상황을 예측해 낼 수 있다.'라고 자신에게 이야기해 주세요. 이마저도 힘들다면 그냥 '이렇게 또 하나 배워갑니다!' 하고 넘기는 것입니다.

다른 사람에게 자신의 실수를 인정하지 않고 감추려 한다면 당장은 아니더라도, 언젠가 그것이 들춰질까 하는 마음 때문에 늘 떳떳하지 못하고, 무엇인가 숨기는 것처럼 보여집니다.

솔직한 사람과 아닌 사람은 상대를 대하는 태도부터 다릅니다. 실수를 솔직하게 인정하는 사람들은 그 모습에서 신뢰감이 느껴집니다.

성과 내는
일습관

실수를 극복하는 가장 쉬운 습관: 인정

실수를 했을 때는 심호흡을 한 번 하고 다음 할 일을 생각해 보세요. 다음에 이어질 일은 명확합니다.

1. 실수가 발생한 원인 파악하기
2. 사후처리 및 문제 해결 방법 찾기
3. 같은 실수를 반복하지 않을 방법 찾기

이미 엎질러진 물을 계속 주워 담으려고 하기보다 새로 물컵을 준비하는 등 다음 대책을 마련하는 것이 필요합니다. 실수를 했다는 사실에만 집중하면, 시야는 더 좁아집니다.

오늘 실수했나요? 새로운 것을 알아가는 타이밍이라는 신호입니다. 신호를 받아들이고, 다음 걸음을 내디뎌 보세요. 그 자체로 일습관이 하나 더 추가되는 것입니다.

내가 쓰는 언어가
곧 나를 보여준다

늘 부정적인 언어를 쓰는 사람과 긍정적인 언어를 쓰는 사람들은
느껴지는 분위기부터 다릅니다. 언어가 주는 느낌 때문인데요.

A 유형	B 유형
"난 이번 생은 글렀어." "이번에도 해봤자 뭐 되겠어?"	"이번 생에 한 번쯤은 해낼 수 있겠지." "이번엔 무조건 된다. 내가 해내고야 만다!"

A 유형의 사람들은 안 될 것을 예상하기 때문에 늘 자신감이 부족
하고, 실제로도 좋지 않은 결과를 얻게 되는 경우가 많을 것입니다.
그에 반해 B 유형의 사람들은 결과를 예측할 수는 없어도 늘 가능
성을 염두에 두고 임하기 때문에 A 유형의 사람들보다는 좋은 결
과를 얻는 경우가 많아집니다. 실제로 이들을 도와주는 사람들의
입장에서도 안 될 것이라고 생각하는 사람보다는 의지와 열정을

보이는 사람에게 조금이라도 더 힘을 실어주게 되어 있으니까요. 한번은 기획 회의에서 새로운 아이디어를 제안했다가 참석자들의 다양한 반응을 볼 수 있었습니다. 옆 팀 동료는 "그게 되겠어? 뭘 그렇게까지 하려고 해."라며 시작하기도 전에 안 될 것이라고 단정 지었고, 또 다른 동료는 "오! 좋은 생각이다. 거기에 이렇게 해보면 어때?"라며 응원의 메시지와 함께 그것을 더욱 발전시킬 방법을 찾아주려 했습니다. 둘의 성과는 명백하게 다를 것입니다.

주변에는 다른 사람의 험담을 일삼는 사람도 있습니다. 가끔이라면야 이야기를 들어주고 위로해 줄 수 있겠지만, 타인을 헐뜯는 일도 반복적이라면 습관이라고 봐야 합니다. 어딘가 다른 곳에서 나에 대해 뒷말하고 있을 모습도 떠오를 수 있죠. 우리가 평소 하는 말은 곧 자신의 모습을 결정합니다.

긍정적 언어를 기본값으로 만들려면 감사일기를 써라

우리는 부정적인 의미를 담은 단어나 표현을 긍정적으로 순화하여 이야기하는 것만으로도 듣는 사람에게 편안하고 좋은 에너지를 전달할 수 있습니다. 연쇄 작용으로 좋은 일들도 자연스럽게 생기게 되죠. "어렵다.", "못하겠다."라는 표현보다 "쉽지 않네.", "잘하고 싶은데 어떻게 해야 할지 고민이네."라고 조금만 말을 바꾸어서 해도 주변에서 도와주려는 사람들이 생깁니다.

우리의 뇌는 부정문을 인식하지 못하기 때문에 단어 선택이 중요합니다. 만약 "시간이 없어."라고 표현하면 우리의 뇌는 '없다'가

기본값으로 설정되어 '없다'라는 것에만 집중하게 되지만, "시간이 충분하지 않네."라는 표현을 활용하면 '충분하다'가 기본값으로 설정되어 충분함을 느낄 수 있는 것들에 집중하게 됩니다.

하지만 습관처럼 입에 밴 표현들을 하루아침에 바꾸는 것은 쉬운 일이 아닙니다. 이를 위해서는 의식을 전환하는 작업이 필요한데요. 가장 쉽게 활용할 수 있는 것이 '세 줄 감사일기'입니다. 하루에 딱 세 줄만 감사일기를 작성해 보는 것입니다. 내용은 그날 감사했던 일을 적으면 됩니다.

감사일기의 예

- 출근할 때 버스가 눈앞에서 출발했지만, 제시간에 회사에 도착할 수 있어서 감사합니다.
- 걸을 수 있는 두 발이 있음에 감사합니다.
- 오늘도 건강하게 살아있음에 감사합니다.

막상 처음 감사일기를 작성하면 무엇에 감사해야 할지 막막할 수 있습니다. '현재 내가 가진 것', '현재 내 상황'에 감사하는 문장을 써보세요. 도저히 생각나지 않는다면 단 한 줄이라도 매일 작성하다 보면 점점 사소한 것에도 감사하는 마음이 생겨 삶의 질이 달라지는 것을 경험할 수 있습니다.

우리는 평소 사용하는 단어만 변화시켜도 관점과 경험을 바꿀 수 있습니다. 모든 말에는 에너지가 담겨 있기에 그것이 곧 나를 표현

한다는 사실을 기억하고 나로부터 출발하는 그 에너지에 긍정의 힘을 담을수 있도록 해야겠습니다. 지금 당장 평소 무의식적으로 내뱉는 말들을 점검해 보면 어떨까요?

업무력을 높이는 핵심 습관

- 상호 존중하는 모습을 보일 때, 신뢰 관계는 더욱 돈독해진다.

- 신뢰감 있는 직원들은 남들에게 세심한 관심을 가지고, 목표는 유연하지만 분명하며, 언제나 솔직하다.

- 실수를 숨기려 하거나, 덮어두려 하면 신뢰를 잃을 수 있다. 실수는 빠르게 인정하라.

- 긍정적인 언어와 화법은 감사일기로 연습할 수 있다.

능력을 높이는 생각과
매너 습관

비즈니스 매너,
쉽게 말하면 역지사지

매너라는 것은 반드시 지켜야 할 규범은 아니지만, 상대를 배려하는 마음을 행동으로 표현하는 주관적 행동 양식입니다. 자신의 자유의지에 의해 행동으로 표현되는 것이지요. 이를 직장 내에서 보여주는 것이 곧 비즈니스 매너입니다.

기초적인 비즈니스 매너의 예

- 명함을 상대방이 읽기 편한 방향으로 건네는 것
- 청결한 손으로 악수를 하는 것
- 통로에서 길 안내 시 앞쪽에서 먼저 이동하는 것

이 외에도 상황에 따른 수많은 비즈니스 매너가 있지만, 외우려고 하면 헷갈리죠. 예를 들면 에스컬레이터를 타고 올라갈 때 상대방보다 아래쪽에 위치하여 응대하는 것이 기본적인 매너이지만, 여성이고 치마를 입고 있다면, 앞쪽에서 응대하는 것이 매너가 될 수도 있습니다.

문을 열고 나갈 때 뒷사람이 오는지 확인하는 것은 '뒤에 오는 사람을 위해 문을 잡아 주어야 합니다.'라는 공식 속의 매너가 아니라, 뒷사람이 내가 무심코 놓은 문에 부딪히지 않도록 하기 위한 배려입니다.

비즈니스 매너를 암기하려 하면 정형화된 틀에 얽매이게 되고, 긴장했을 때는 오히려 자신이 가진 습관대로 행동하게 됩니다. 회사에서 직원들을 위해 비즈니스 매너 교육을 진행해도 며칠 지나면 본래의 습관으로 돌아가는 것은 바로 체득되지 않았기 때문입니다. 중요한 것은 매너 속에 숨어있는 원리를 이해하고 머리가 아닌 몸이 기억하도록 하는 것입니다. 매너가 습관이 되어 내 몸의 일부가 되게 하기 위해서는 한 가지만 항상 기억해 두면 좋습니다.

'내가 상대라면 무엇이 좋을까?'

나에게 좋은 것은 남에게도 좋고, 내가 불편하다 느끼는 것은 상대도 불편할 수 있습니다.

신규 직원 채용을 위해 전달받은 지원자들의 이력서가 담겨 있는 압축폴더를 열어보니 파일명이 모두 다르게 저장되어 있었습니다. 이메일을 첨부파일과 함께 보낼 때도 첨부파일의 이름을 지정하지 않고, 자동으로 생성되는 파일명으로 보내는 사람이 있는가 하면 수신자가 첨부파일을 내려받았을 때 바로 이해할 수 있는 파일명으로 수정하여 보내는 사람도 있었죠.

이들에게서 보이는 차이는 상대의 입장을 고려했는지 여부입니다. 사소한 부분일 수 있지만, 이런 작은 배려를 받은 사람은 업무를 효율적으로 처리할 수 있습니다. 한눈에 알아보기 쉬운 파일명이라면 본인도 여러 파일을 열어보지 않아도 필요한 파일을 빠르게 찾을 수 있겠죠.

안면이 있는 사람에게 먼저 인사를 하는 것, 상대의 의중을 먼저 묻는 것, 문서 하나를 건네더라도 받았을 때 바로 읽기 편한 방향으로 주고, 무거운 짐을 들고 들어가려는 사람이 있을 때 먼저 가서 문을 잡아 주는 등의 행동은 모두 내가 배려받았을 때도 기분 좋은 일들입니다.

우리 시대의 혁신적인 아이콘으로 평가받고 있는 팀 페리스(Tim Ferris)의 저서 《지금 하지 않으면 언제 하겠는가》에서 톰 피터스(Tom Peters)의 인터뷰 내용을 볼 수 있습니다. 이 시대 최고의 경영 구루인 그는 최고가 되려는 젊은 비즈니스맨들이 기본적으로 갖춰야 할 조건 중 하나로 다음의 이야기를 전합니다.

'좋은 매너가 큰 성공을 안겨준다.'

인기가 많고, 늘 어디서나 환영받는 이들의 공통점에는 좋은 성격도 있겠지만, 대부분 좋은 매너를 습관으로 갖고 있다는 것입니다.

사람들은 같은 일을 하더라도 예의있고 친절한 사람과 함께 하고 싶어합니다. 언제 어디서나 좋은 매너를 갖춘 사람이 되려면 매너의 원리를 이해해야 합니다. 매너는 단순히 좋은 사람이라는 인식을 주는 것을 넘어 일의 효율성을 높이고, 신뢰의 초석이 되어 줍니다.

성과 내는 일습관

온라인상에서의 매너

랜선을 통해서도 개인의 매너가 전달됩니다. 요즘은 직접 대면하는 것보다 온라인으로 소통하는 경우가 많습니다. 온라인 소통은 빠르게 대화를 시작하거나 나의 의사를 전달할 수 있지만 자신의 습관이 쉽게 드러날 수 있기도 합니다.

• **이메일 작성 시**

① 첫 인사와 함께 간단한 자기소개는 필수

본론을 쓰기 전 간단하게 자기소개를 합니다. 본인의 소속 부서와 본인을 부를 수 있는 호칭이 들어가면 좋습니다. 회신이 반복될 경우는 생략합니다.

② 이메일 끝에는 자신을 자세하게 알릴 수 있는 서명을 포함

서명은 오프라인에서 명함 역할을 합니다. 역시 회신이 반복될 때는 생략해도 괜찮습니다.

③ 메일 본문에 첨부파일명을 함께 기재

수신인이 바쁜 경우 첨부파일을 놓칠 수도 있습니다. 또한, 첨부파일 수나 내용이 잘못 전달되는 경우도 있으니 이중 체크도 할 수 있겠죠.

- **전화 통화 시**

  ① 첫인사와 간단 소개 후, 통화 가능 여부 확인

  전화 연결 후 바로 본론으로 들어가는 이들이 많습니다. 상대가 전화를 받기는 했지만 바로 답하기 어려운 상황일 수 있고, 회의 중 급한 내용인 줄 알고 받았을 수 있으니 양해를 먼저 구하는 것이 예의입니다.

  ② 먼저 종료할 때는 인사말과 함께 손끊음하기

  상대가 통화 종료를 먼저 하지 못할 때는 그냥 끊기보다는 "OO님, 통화 먼저 종료하겠습니다." 하고 인사말을 건넨 후 손으로 전화기의 수화기가 닿는 곳을 손으로 눌러 끊어 주세요.

- **메신저 사용 시**

  ① 인사와 함께 대화 가능 여부 묻기

  바로 용건을 말하는 것은 닫아 놓은 문을 그냥 열고 들어가는 것과 같습니다. 동료 옆에 누군가 있다면 메신저 팝업으로 메시지가 함께 전달될 수도 있고요. 가급적 첫 대화는 인사로 시작하고, 지금 대화할 수 있는지 확인해 주세요. 상대에게도 준비할 시간이 필요합니다.

  ② 대화 종료 시에는 인사말로 마무리

  메신저상의 대화는 끝을 가늠하기 어렵습니다. 언제든 대화가 다시 시작될 수 있기 때문인데요. 대화가 일단락되었거나, 용건이 끝났다면 '감사합니다.' 등의 인사말로 마무리 지어주세요. 상대도 편안하게 다시 일에 집중할 수 있습니다.

신뢰감과 능률을 확실하게
높이는 습관, 리마인드

"오늘 10시에 회의하기로 해서 왔는데요."

위와 비슷한 말을 듣고 머릿속이 하얘진 적 없으신가요? 언제 약
속을 잡았던 것인지 일정표에도 적혀 있지 않습니다. 무엇보다 상
사는 이 사실을 모르고 있을 것이라 막막한 상황입니다.

한 달 전쯤 거래처로부터 상사가 언제 일정이 가능한지 문의를 받
았고 저는 확인했다고 하며 회신하였습니다. 거래처는 그 회신을
확정이라 생각하고, 저는 단순 회신이라 생각한 것입니다. 만약 한
번 더 확인했다면, 혹은 메일에 '진행 여부 답변 주시면 확정하도
록 하겠습니다.' 같은 문장 하나만이라도 넣었다면 이런 일은 생기
지 않았겠죠.

이와 비슷한 일은 제약회사 영업 담당자인 C 대리에게도 일어났습
니다. C 대리는 거래처 병원에 새롭게 배정된 담당자로 인사를 드

린 후 저녁 식사 일정을 잡기로 하였습니다. 지인은 A 의사와의 만남 이후, 식사가 가능한 여러 개의 일정을 전달받아, 다른 의사들과 일정 조율을 하던 중이었습니다. 여러 명의 일정을 맞추려다 보니 시간이 흘러 어느새 A 의사가 전달한 일정 중 첫 번째 날짜가 되었고, C 대리는 전화 한 통을 받았습니다. "오늘 저녁 식사하는지 알았는데, 아닌가요?" C 대리는 아직 일정이 확정되지 않아 연락을 하지 못한 상황이었지만, A 의사는 자신이 전달한 일정 중 첫 일정으로 확정되었다고 생각했던 것입니다. 이 역시 상호 간의 확인 절차가 순조롭지 않았던 상황입니다. 만약 둘 중 누구라도 첫 번째 일정이 오기 전에 다시 한번 확인했다면 당황스러운 상황은 피해갈 수 있었겠죠.

일정을 잊어버리는 일은 정말 쉽다

사람이 하는 일의 대부분은 약속으로 만들어지고 진행됩니다. 보통 약속을 한 후에는 서로를 믿는다는 명목으로 '당연히 상대방도 알고 있을 거야.', '지키겠지.'라고 생각하지만, 예상보다 그렇지 못한 경우들이 종종 있습니다.

약속을 잡은 후에 바로 다른 일을 해야 해서 깜빡하고 일정표에 기록해 두지 않았다면 놓칠 가능성은 더 커집니다. 본인이 일정을 변경하고도 변경된 사실을 기억하지 못하는 경우도 있죠. 음식점에 예약했지만, 당일에 가보니 예약이 안 되어 있는 상황도 있습니다. 아무리 이전에 예약했다고 말해도 결과는 똑같습니다.

서로 믿음을 가지는 것도 중요하지만, 더욱 정확하게 일을 진행하기 위해 재확인하는 것은 선택이 아닌 필수입니다. 특히나 회의 준비사항, 일정, 예약사항 등은 아무리 확인해도 지나치지 않습니다.

빈틈없는 일정 기록법

① 일정 조율이 시작되는 시점에 캘린더 열기

약속을 잡기 위한 일정이 언급될 때 이미 캘린더를 열고 있어야 합니다. 그 상황을 벗어나는 순간 머릿속에서 사라질 수 있으므로 기존 일정을 살펴보며 실시간으로 일정을 기록해 둡니다.

② 상대에게 공유하기

캘린더 초대장을 바로 보내거나, 문자 등으로 정해진 일정을 공유합니다. "방금 말씀 나눈 V 프로젝트건 관련 회의 일정 안내해 드립니다."라는 메시지와 함께라면 내용도 기억하기 쉽습니다.

③ 하루 전날 확인하기

당일 오전에 재확인이 필요한 경우를 제외하고는 가급적 하루 전에는 확인이 필요합니다. "내일 3시에 K 본사 로비에서 뵙기로 한 일정 확인 차 문의드립니다. 혹시 변동사항 있다면 말씀 부탁드립니다."

상대가 갑자기 일정이 변경되어 약속을 취소해야 하는 상황임에도 불구하고 너무 바빠서 이야기를 전하지 못할 수도 있고, 캘린더를 사용하지 않아 약속을 잊었을 수도 있습니다. 리마인드는 서로의 약속을 맞추고 상기시키는 역할을 합니다. 내 시간을 챙기기 위해서라도 마지막 확인은 한 번만 더 해 주세요.

'당연히 알겠지.', '당연히 기억하겠지.' 하던 일들이 당연하지 않은 결과로 이어진다면 결국 피해를 보는 쪽은 나 자신입니다.

성과 내는 일습관

부드럽게 리마인드 하는 방법

확인 작업은 서로의 생산성을 높이기 위한 것임을 기억하며, 상대의 상황을 이해한다는 마음이 담겨야 합니다.

- **캘린더 알림 기능 사용하기**
  일정 입력 시 '알림' 기능이 필수적으로 포함되도록 해두면 개인 일정뿐만 아니라 상대 캘린더에도 자동 입력됩니다. 설정된 리마인드 일정 알림을 통해 동시에 확인할 수 있습니다.

- **요청 사항에 대한 알림은 상기시켜주는 메시지로만**
  이메일 또는 요청 자료에 대한 회신을 기다리고 있는데, 혹시나 하는 마음에 불안하다면 리마인드가 필요하다는 신호입니다. 이때는 알림 메일을 보내듯 상기시켜주는 정도로만 메시지를 전합니다.

  "부장님, 내일 ○○ 관련하여 말씀 주시면, XX하도록 하겠습니다."

- **마감 임박은 아니지만 진행 상황이 궁금하다면**
  업무에 도움을 부탁한다는 어조로 진행 현황을 체크합니다.

"제가 ○○ 관련하여 XX을 진행하려고 하는데요. 문의했던 A 프로젝트 관련 진행 현황을 참고할 수 있을까요?"

- **리마인드임을 밝히고 리마인드 하기**

"○○ 관련 리마인드 드립니다."라고 시작한 다음 요청사항에 대한 요약사항을 전달합니다.

- **회신 기한이 지났는데 아무런 소식이 없다면**

무조건 사실 여부를 확인하기보다는 '당신은 당연히 했을 거라 생각하지만, 현재 확인이 어렵다.'라는 투로 메시지를 전해 보세요.

"○○ 관련 회신 확인 부탁드립니다. 제 메일 수신함에서 확인되지 않아서요."
"혹시 지난번에 말씀 주셨던 K 실적 자료 저에게 보내주셨을까요? 제가 아무리 찾아도 보이지 않더라고요. 죄송하지만 확인 한 번만 부탁드려도 될까요?"

모두의 시간을 아끼는 것이 생산성을 높이는 길이다

상대에게도 시간을 줘라

정확한 업무 처리를 위해 상시 소통이 중요하다지만 전화나 메신 저로 인사도 없이 본론으로 들어가는 사람이 있습니다. 여유가 없 고 문의사항이 급한 사안인 경우라면 모를까, '나도 업무 하느라 바쁜데 내 상황은 왜 배려해주지 않지?'라는 생각이 절로 들죠.

대부분 자신의 업무가 제일 급하고 중요하다고 생각합니다. 그러 니 서로 바쁘므로 불필요한 시간 소모를 줄이기 위해 최대한 핵심 만 전달하는 것을 선호하는 이들도 있을 수 있습니다. 물론 간단명 료하고, 이해하기 쉽게 메시지를 전달하는 것도 중요하지만, 상대 방이 그에 대응할 수 있는 시간은 마련해 주어야 합니다. 대화의 시작에 다음과 같은 한 마디만 추가해도 상대를 배려하며 생산성 을 높일 수 있습니다.

"통화 가능하십니까?"

"똑똑, 잠시 시간 가능하십니까?"

"A 프로젝트 기획 방향에 대해 궁금한 사항이 있어서요. 혹시 잠시
시간 괜찮으신가요?"

구체적으로 요청하고 제안하라

만약 상대의 상황을 파악하기 어렵다면 나의 상황을 먼저 알려주
는 방법이 있습니다. 단순히 언제까지 회신이 필요한지 혹은 확인
후 답변을 요청하는 등의 방법보다는 구체적인 내용을 포함하는
것입니다. 언제까지 왜 필요한지, 무슨 내용이 필요한지, 누가 주
요 담당자인지 등에 대한 정보를 공유하고, 상대가 가능한 일정을
묻되 언제든 상호 조율 가능하다는 것을 알려 주는 것입니다.

"이번 주 금요일까지 회신이 필요하지만, 혹시 일정 조율이 필요하
시면 편하게 말씀 주세요."

이 경우 조율이 필요하다면 편하게 연락을 할 것이고, 그 외에는
상대도 최대한 맞춰주려고 할 것입니다. 이처럼 필요한 정보와 시
점을 자세히 안내하는 것은 상대를 배려하는 것이기도 하지만, 결
국 나의 업무를 원활히 하기 위한 것이기도 합니다.

모호한 질문이나 요구를 받으면 누구나 계속 질문을 던지게 됩니
다. 원하는 바가 드러날 때까지 그만큼 시간은 더 소요되죠. 하지

만 요구사항이 명확하다면, 그에 대한 답도 빠르게 얻어낼 수 있습니다. 이는 동료나 상사뿐만 아니라 업무를 하며 만나는 모든 관계에서 같습니다. 상대에게 요구사항을 정확하게 전달하고, 그에 대한 답을 주기 위한 시간을 마련해 주는 습관은 결국 나의 생산성으로 이어집니다.

내 시간은 아무도 챙겨주지 않는다

영업팀 J 대리가 업무상 금융사 직원과 통화 중이었습니다. 그런데 대화는 하지 않으면서 계속 전화를 끊지 못하고 있습니다. 수화기 너머 상대방이 통화 관련 내용에 대해 다른 직원과 확인하느라 통화가 길어진 것입니다.

만약 상대가 통화를 종료하고 확인 후 다시 안내해 주었다면 J 대리는 그 중간 시간 동안 다른 업무를 진행할 수 있었겠죠. 그날 이후부터 J 대리는 대기 상황이 발생하면 먼저 제안을 했습니다. 다시 통화 가능한 시간을 안내하고, 그때 다시 이야기하는 것이죠.

> "일정 확인하신 후, 회신이 가능한 시점 말씀 주시면 업무에 참고가
> 될 것 같습니다."
> "3시쯤 다시 이야기 나누는 것은 어떨까요?"

상담을 위해 고객센터에 전화했을 때도 비슷한 경험을 할 수 있습니다. 상담사가 먼저 확인 후 재연락을 주겠다고 이야기해 주면 좋

겠지만, 그렇지 않으면 통화 가능한 시간을 제안하여 자신이 할 일을 이어가는 것도 하나의 방법이겠죠.

보고할 때 시간 줄이는 법

반대로 보고 시 또는 회의 시간 중 질문이 쏟아지지만 바로 대답하기 어려운 경우 확인을 위한 시간이 필요하겠죠. 때에 따라서는 다시 일정을 잡아야 할 때도 있습니다. 결과적으로는 처리 시간이 지연되는 셈입니다.

상사에게 보고 중 질문을 받았지만, 답변이 준비되지 않았다면 계속 자리를 오가며 확인하느라 분주해지겠죠. 결국 '다시 확인해서 알려주세요.'라는 통보를 받습니다.

대화 도중 '잠시만요.', '다시 확인해 보겠습니다.'의 횟수가 많아질수록 서로의 시간은 소비됩니다. 한 번에 보고를 마무리해서 버려지는 시간은 가능한 줄이는 게 좋겠죠. 다음의 내용을 미리 생각해 보는 습관을 들이는 게 좋습니다.

- 보고서를 볼 사람이 궁금할 만한 사항은 무엇인가?
- 보고서에 작성되어 있지 않은 내용은 무엇인가?

이러한 검토가 먼저 진행된다면 미리 답변을 준비할 수 있습니다. 그래도 만약 예상하지 못한 질문을 받았을 때는 '그 부분에 대해서는 다시 확인해 보겠습니다.'라고 한 후, 다음 일정을 잡도록 합니다. 상황에 따라 회의 이후 바로 확인하여 추가로 보고하거나, 다음 회의 시간에 업데이트하는 방법도 있습니다.

내가 준비해야 할 시간이 길어질 때는 상대에게 양해를 구하고, 상대로 인해 시간 소비가 예상될 때는 제안을 하여 손실 시간을 최소화하는 것입니다. 이는 서로 효율적으로 일하기 위한 배려이기도 하지만, 결국 나의 시간을 소중하게 사용하기 위한 것입니다. 모든 사람에게 시간은 소중합니다. 서로의 시간을 소중하게 생각하고 배려하는 것은 같은 시간에 더 큰 성과를 낼 수 있는 원동력이 됩니다.

남 좋은 일인 듯 사실은 나 좋은 일: 배려

배려는 상대뿐만 아니라 나를 위한 일이기도 합니다. 상대의 입장이나 상황을 고려하여 문의하고 업무를 진행하는 것이 결국 나의 업무 생산성에 영향을 주기 때문입니다.

- **문의 가능 여부와 가능 시간대를 함께 전달**
  "궁금하신 사항은 편히 말씀 주세요. 오늘 오후 1시~3시를 제외하고 모두 가능합니다."
  "회의가 필요하시면 편히 말씀 주세요. 오후 1시~3시에는 언제든 가능합니다."
  → 상대는 배려받고, 나는 주도적으로 시간 관리가 가능

- **요청한 사항과 참고 자료를 함께 전달**
  "참고하실 수 있도록 ○○도 함께 전달 드립니다. 궁금하신 사항은 언

제든 말씀 주세요."

"전년도에 진행한 관련 자료 함께 전달 드립니다."

→ 상대에게는 도움이 되는 정보를 제공, 나는 추가 안내 생략

위와 같은 방법으로 상대를 배려하면 당장은 조금 번거로울지 모릅니다. 하지만 본인 업무의 주도권을 쥐고 있을 수 있고, 또 추가 설명을 할 필요가 없다는 점은 생각보다 본인의 업무 시간을 많이 벌어줍니다. 단순히 "전달 드립니다.", "확인 후 회신해 주세요." 등으로 보내기보다, 상대에 대한 마음이나 상황을 고려한다는 한마디만 넣어주어도 배려의 마음을 전하면서 서로의 생산성을 높일 수 있습니다.

듣기를 두려워하지 마라
그게 욕이든, 칭찬이든

피드백의 의미

회사에서 한 사람의 역량을 평가할 때는 목표 달성률뿐 아니라 동료들의 피드백을 반영하기도 합니다. 업무 중에는 대화를 통해 수시로 피드백을 주고받죠. 하지만 나에 대한 타인의 생각을 듣고 받아들이는 것은 말처럼 쉬운 일이 아닙니다. 피드백은 힘이 되고 동기부여를 하기도 하지만 때로는 상처가 되는 경우도 있습니다. 사람은 같은 이야기도 모두 다르게 듣기 때문에 상대에게 내 생각을 전한다는 것은 조심스러운 일입니다. 가끔은 내 말이 전달하고자 한 의도와는 전혀 다르게 상대에게 전해질 때도 있습니다.

피드백이라는 단어를 부정적으로만 생각하는 이들이 많습니다. 자신이 한 일에 긍정적인 답변보다 부정적인 답변, 또는 다른 의견을 제시하는 것을 피드백이라 생각하는 경향이 있습니다. 그래서 누군가와 피드백을 주고받는 것을 두려워하는 사람들도 있죠.

피드백 [Feedback]

: 진행된 행동이나 반응의 결과를 본인에게 알려 주는 일.

피드백은 말 그대로 의견입니다. 의견에 옳고 그름이 있을까요? 나와 생각이 같고 다름으로 구분하는 것이 맞겠죠. 다름을 틀림으로 받아들일수록 자기 생각을 다른 사람들과 나누기가 어려워지고, 부정적인 생각은 커지게 됩니다.

항상 누군가의 피드백을 들을 수 있는 것은 아닙니다. 특별한 피드백을 듣지 않는다고 문제가 없다며 좋아하는 사람도 있지만, 그냥 관심이 없는 걸 수도 있습니다. 피드백은 상대의 결과물에 관심을 가지고 바라보아야 할 수 있는 정성이 담긴 이야기입니다. 만약 상대에 관한 관심이 없으면 해 줄 이야기도 없겠죠.

우리는 피드백을 통해 성장합니다. 강사는 강의 후기, 가게 운영자는 손님들의 구매평을 통해 부족한 부분을 채워 나갈 수 있듯이 개인은 관계된 주변 사람들, 회사에서는 상사, 동료, 후배의 피드백을 통해 더 나은 나로 거듭날 수 있습니다. 서로의 의견을 나누는 피드백은 나의 성장에 중요한 자양분이 됩니다.

피드백을 잘 이용하는 법

항상 자신이 한 일에 대한 의견을 요청하는 사람들이 있습니다. 개인의 일뿐만 아니라 프로젝트나 행사가 종료된 이후, 참석자들에게 그에 대한 의견을 무기명으로 받기도 합니다. 이는 다음에 발전적인 결과를 내기 위해 보완할 사항을 찾는 합리적인 방법입니다.
피드백 중에서도 부족한 부분을 잘 짚어주고, 납득이 되는 의견이
라면 더 힘을 실어주어야 합니다. "이 사항을 조금 더 보완하면 좋
겠다." 혹은 "다음엔 이런 것도 같이 해보면 어떨까?" 하는 의견을
잘 이용하면 분명 지금보다 더 나은 결과를 만들어 낼 수 있습니다.
반대로 상대가 나의 피드백을 잘 못 알아들었을 때는 조금 더 이
해하기 쉽게 표현하는 역량을 키워야 한다는 신호로 이해해야 합
니다. 피드백할 때는 잘 하고 있는 부분은 더 잘할 수 있도록 지지
하고, 잘 전달되지 못한 부분, 안 되고 있는 부분은 나은 방향으로
나아갈 수 있도록 신경 쓰고 고민해 보아야 합니다.

물론 개인에 따라 감정적인 피드백을 하는 사람도 있습니다. 이를
너무 걱정할 필요는 없습니다. 이런 피드백은 듣다 보면 자연스럽
게 걸러집니다.

사람들은 각자 추구하는 방향은 달라도 '성장'이라는 목표는 동일
하게 갖고 있습니다. 문제의 해결 방안을 찾게 된다면 그 자체로
모두 한 단계 올라서는 것입니다. 그보다도 어떤 피드백을 들었을
때, 그것을 어떻게 받아들이고 자신에게 적용하느냐가 진정한 소
통이고 성장의 시작입니다. 모든 것을 수용하는 것보다는 자신에
게 도움이 되는 방향으로 받아들이는 것이 중요합니다. 주변에 함
께 하는 사람들의 성향을 잘 파악하여 그들에게서 좋은 피드백을
구하고 성장의 양분으로 삼아 보기를 바랍니다.

**성과 내는
일습관**

나와 다른 의견도 쉽게 받아들일 수 있는 비장의 한마디

'그건 네 생각이고.'

일반적으로 우리는 상대의 감정이나 말에 동조해야 한다고 느낍니다. 그래서 상대가 나와 다른 생각을 표현하는 것이 두려워질 때가 있습니다. 그럴 땐 일단 속으로 '그건 네 생각이고.'라고 외쳐보세요. 상대의 의견은 그저 그 사람의 생각일 뿐이라는 것을 스스로 자각하며 내 감정을 분리해내는 것입니다. 그다음은 무엇이 다른지에 집중하면 됩니다. 생각도 습관입니다. 연습이 필요해요.

강력한 질문의 힘

잘 물어보는 것도 기술이다

점심 약속 장소에 가야 하는데 초행길이라 찾기가 어려운 상황이라면 당신은 주변의 누군가에게 물어보며 찾아가는 편인가요? 아니면 어떻게든 혼자서 찾으려 하는 편인가요? 요즘은 워낙 지도 앱이 잘 되어 있어서 혼자서도 찾아갈 수 있는 환경이지만 만약 지도에 아직 등록되어 있지 않은 곳이라면 누군가의 도움을 받거나 혼자서 여러 길을 살펴보며 찾아가게 됩니다.

목적지에 도달하는 것도 중요하지만 어떤 방법으로 가느냐에 따라 걸리는 시간은 달라질 수 있습니다. 운 좋게 혹은 길눈이 밝아서 혼자서도 금방 찾을 수 있다면 다행이지만, 만약 그렇지 못한 상황이라면 누군가의 도움을 받아 찾아가는 것이 에너지와 시간 낭비를 줄여줍니다.

우리는 업무에서도 이와 비슷한 상황을 자주 접하게 됩니다. 특히 처음 접하는 업무는 어떻게 방향을 잡아야 할지 시작할 때부터 막막하게 느껴지곤 합니다. 기존에 하던 업무라도 사람들과 소통을 하다 보면 이해가 잘 안 되는 부분이 생기기도 합니다.

"궁금하신 사항은 언제든지 문의 주세요."

업무상 이메일이나 회의를 마무리할 때 자주 사용되는 문구입니다. 말 그대로 업무를 진행하면서, 관련 내용에 대해 궁금한 사항은 언제든지 질문하라는 의미인데요.

하지만 지시를 받은 입장이거나 신입일 때는 이러한 말을 듣고도 가급적 자신의 힘으로 처리하는 것이 일을 잘하는 것이라고 생각하는 경우가 있습니다. 또, 경력자는 모른다고 말하는 것, 질문하는 것을 신입보다 더 어렵게 느낄 수 있습니다. 일반적으로 경력이 쌓일수록 경험이 많고 아는 것이 많아야 한다고 생각하기 때문에 선뜻 질문 던지기를 망설이는 것입니다. 후배에게는 더욱 그러하겠죠.

정답이 아닌 해답을 찾아라

궁금한 것이 있으면 질문을 하면 되는데 왜 주저하게 되는 것일까요? 질문을 머뭇거리게 되는 이유 중 하나는 우리의 마음속에 '정답'을 찾으려는 생각이 자리잡고 있기 때문입니다. 이미 모든 일에는 정해져 있는 답이 있다고 생각하고 그것을 맞춰야 한다는 생각에 선뜻 던진 질문이 잘못된 것일 수도 있다는 걱정을 하기 때문이죠.

우리의 삶에 정답이 없듯이 업무도 마찬가지입니다. 조금 더 쉽게 처리할 방법은 있지만, 그 또한 모든 순간 동일하게 적용되는 것은 아닙니다. 즉 우리는 존재하지도 않는 정답을 찾는 것이 아닌 해결하기 위한 '해법'을 찾아야 합니다. 그리고 그것을 찾기 위해서는 질문을 통해 서로의 생각을 나누는 시간이 필요합니다. 혼자만의 생각으로 일을 진행했을 때는 그 결과가 서로 이해하고 생각한 부분과 다를 수 있습니다. 업무 지시를 받았는데 모르는 부분 혹은 불명확한 부분이 있다면 생각의 눈높이를 맞출 수 있도록 서로 질문을 통해 확인해야 합니다.

질문하는 것에 대한 두려움은 상대에게 나의 부족함을 보여주고 싶지 않은 마음에서도 나옵니다. 괜히 질문했다가 이런 것도 모르냐며 핀잔을 듣거나, 당연히 알아야 하는 것도 모른다는 인식을 심어주게 되는 것은 아닐까 걱정을 먼저 하게 됩니다. 경력이 쌓여도 늘 새로운 상황은 발생하기 때문에 처음 접하는 일도 있고 모르는 것도 생깁니다. 경험에 비례하여 아는 것이 많아지는 것과 모르는 것을 질문하는 것은 별개의 문제입니다.

상대가 표현하지 않으면 상대의 마음을 알 수 없듯 사람들은 질문하지 않으면 그냥 알고 있다고 생각합니다. 모르는 것은 부족한 것도 창피한 것도 아닙니다. 오히려 모르는 것을 모른 체 넘어가는 것이 가장 창피하고 부족한 것입니다. 그런 사람들은 더 나아갈 수 없습니다. 모르는 것이 있다는 것은 더 알아가야 할 것이 있다는 것이고 그것을 알아내기 위해 질문을 할 때 더 높이 도약할 수 있습니다.

자신에게 하는 질문에서 핵심을 찾아라

상대에게 하는 질문이 문제를 해결해 나갈 수 있게 한다면 스스로 하는 질문은 본질에 접근할 수 있게 해 줍니다. 주어진 일을 진행하기 전 자신에게 다음의 두 가지 질문만 던져 보아도 핵심 사항을 파악하는 데 도움이 됩니다.

'이 문서가 회의에서 왜 필요할까?'
'프로젝트를 통해 얻고자 하는 것이 무엇일까?'

이렇게 생각을 정리한 후에도 뭔가 불명확하고 궁금한 부분이 있다면 이제 상대방에게 질문해 보세요. 정확하게 이해했다면 다음 단계로 넘어갈 수 있고, 수정이 필요한 부분이 있다면 바로 그 부분을 고쳐가며 문제를 해결해 나갈 수 있게 됩니다.

만약 이를 파악하지 못하고 일을 진행하다 보면 이와 같은 질문을 받게 될 수 있습니다.

'왜 그렇게 생각하죠?'

단순히 상대의 생각을 묻는 질문일 수도 있지만, 방향을 벗어난 결과에 흔히 하는 질문입니다.

질문으로 당당하게 조언을 구하라

질문은 때때로 조언을 구하는 역할도 해 줍니다. 지금 하는 일에 새로운 아이디어가 떠오르지 않는다면 너무 일에만 몰두하고 있어서일 수도 있지만, 초점을 잡지 못하거나 일의 전체적인 흐름을 보지 못해서일 수도 있습니다. 이럴수록 주변에 조언을 구해야 합니다. 단순히 어떻게 해야 하는지 물어보는 것이 아니라 자신이 어디까지 길을 찾았고 어디에서 헤매고 있는지 이야기하는 것입니다.

> "차장님, 지금까지는 이렇게 진행해 왔는데, 다음은 어떻게 접근하면 좋을까요?"
> "부장님, ○○ 프로젝트 관련 보고서 작성 중인데요. 제가 이런 방향으로 보고 있는데, 확인 좀 부탁드려도 될까요?"

해결 방법은 어느곳에나 존재합니다. 선배나 상사는 이미 내가 걸어가야 할 길을 먼저 가고 있는 사람들입니다. 그러니 질문하고 알아가다 보면 새로운 해결책이 보일 것입니다.

생각하고 의식해야 길이 보입니다. 하나의 문서를 작성하더라도 그 용도를 생각했을 때 완성도가 높아집니다. 어떤 질문을 던지느냐에 따라 얻게 될 답은 확연히 달라집니다.

업무력을 높이는 핵심 습관

- 비즈니스 매너와 기본적인 습관은 남의 입장이 되어 보면 금방 알 수 있다.

- 업무상 약속이나 일정에는 반드시 리마인드가 필요하다.

- 상대방의 시간을 존중하고 배려할 때 내 시간도 벌 수 있다.

- 내가 대화할 수 있는 시간을 따로 전달하라.

- 보고하기 전 보고서의 수신자가 궁금해할 사항을 예상하라.

- 피드백을 두려워말고 성장의 밑거름으로 이용하라.

- 모르는 것이 있으면 질문하고, 질문하기를 두려워하지 마라.

3장
여유를 만드는 습관

업무를 정리해두면
규칙이 보인다

규칙을 찾으면
시간은 따라온다

언제 시작하면 좋을지 체크하는 것이 계획이다

매일 저녁 다음 날 입을 옷이나 준비물을 미리 챙겨 놓지 않으면 출근 시간에 조금 더 분주해집니다. 시간 맞춰 나가기도 바쁜 와중에 무엇을 챙겨야 할지 생각해야 하기 때문입니다. 설상가상 이때 꼭 한 가지씩 빼먹고 나가는 경우도 많습니다. 집을 나섰다 다시 돌아가기라도 하면 시간을 많이 낭비하게 되겠죠. 전날 저녁에 미리 챙겨 둘 걸 하는 후회와 함께 말이죠. 아침에 전날 준비되어 있는 것들을 한 번에 챙겨갈 수 있다면 그만큼 여유 시간을 확보하게 됩니다. 항상 하는 외출준비라도 그 준비를 언제 하는 것이 효율적인지 알 수 있다면 시간을 확보할 수 있습니다.

회사에서는 매년 연말이면 결산을 하고 다음 해 계획을 세웁니다. 영업 실적뿐만 아니라 시스템, 제도, 인력 등 회사 운영과 성장에 필요한 모든 것을 검토하고 재정비합니다. 한 해의 계획이 세워지면 매월 중요한 일정도 자동으로 정해집니다. 주요 인사의 방문, 행사, 월간 회의 등의 일정이 확정되어 공지되고 그에 따라 관련 부서나 담당자도 큼직한 일정을 예상할 수 있게 됩니다. 직접적인 담당자가 아니어도 회사의 일정을 파악해 두면 본인의 업무에 어떤 영향이 있을지 미리 알 수 있습니다.

"내일 일과가 어떻게 되나요?"
"이번 달 중요한 일정이 무엇인가요?"
"올해 목표가 무엇인가요?"

위와 같은 질문을 받았을 때 한 번에 대답할 수 있나요? 평소 자신의 일과나 해야 할 일이 머릿속에 정리되어 있다면 바로 대답할 수 있겠죠. 하지만 하루가 어떻게 지나가는지 모르게 바쁘고, 매일 해야 할 일도 많다 보니, 이번 달, 올해 중요하게 해야 할 일을 생각해 보지 못하고 시간을 보내기 마련입니다.

바쁜 와중에도 시간을 쪼개서 자기계발을 하는 사람들이 있습니다. 업무 시간 이후에 운동이나 개인 취미 생활을 즐기는 사람들도 있습니다. 모두에게 시간은 동일하게 주어지는데 왜 누구는 가능하고 누구는 어려운 것일까요?

우리는 대개 비슷한 패턴으로 일상을 반복하고, 그중 일부만을 새로운 일을 하는 데 사용합니다. 크게 보면 대부분의 일과는 '출근-업무-퇴근'으로 심플하죠. 이 중에서 업무 시간을 잘 들여다보면 회의, 결과 보고, 개인 담당 업무 등 정말 다양한 일을 처리합니다. 그중에는 익숙한 것도 있고 새로 공부해야 하는 것도 있습니다. 바로 이 복잡한 업무 사이에서 규칙을 찾아야 합니다. 우선, 하루의 시작과 끝을 검토해 보아야 합니다. 종이와 펜을 준비하고 평균적인 기상과 수면 시간, 업무 시간을 적습니다. 업무 시간 중 집중력이 높은 시간은 언제인지, 현재 하고 있는 업무와 해야 하는 업무를 함께 기록합니다. 이제 나열된 일상을 두 가지 유형으로 구분하여 정리해 봅니다.

정기적인 것 vs. 비정기적인 것

매월, 매주, 매일 규칙적이고, 반복적으로 진행되는 것들은 정기적인 것으로 구분합니다. 이 업무들은 패턴이 정해져 있으므로 예측할 수 있고, 이미 습관화되어 있을 수도 있습니다. 갑작스럽게 생기거나 일회성의 업무들은 비정기적인 것들로 구분합니다.

업무를 이 정도로만 구분할 수 있어도 하루의 일과를 큰 그림으로 볼 수 있습니다. 정기적 업무는 대부분 일정이 정해져 있지만, 비정기적인 것들은 간헐적으로 하게 되고, 처음 해 보는 업무가 대부분이기 때문에 평소보다 더욱 꼼꼼하게 살필 시간이 필요합니다.

업무 순서 정하기

반복 업무와 유동적 업무가 구분되더라도 각 마감 기한이나 중요도가 다르기 때문에 처리하는 순서는 그때그때 다를 수 있습니다.

이때는 무엇이 더 중요하고 급한 일인지 구분할 수 있어야 합니다. 현재 주어져 있는 일들뿐 아니라, 관련 업무의 흐름을 전체적으로 파악하고 순서를 결정해야 합니다. 연관된 사람이 많고, 기한이 짧은 것을 높은 우선순위로, 연관된 사람이 적고 기한이 없거나 긴 경우는 낮은 우선순위로 두면 됩니다.

일을 잘한다는 것은 자기 업무를 스스로 관리할 수 있다는 의미이기도 합니다. 우선순위에 따라, 주기별로 업무를 확인하고 관리하는 것은 효율성을 높여 개인의 시간 활용에도 많은 도움이 됩니다.

성과 내는 일습관

자료 정리는 정기적으로

업무 자료는 바로 정리해두는 것이 좋지만, 보통은 아무 곳에나 쌓아두게 됩니다. 자료를 찾느라 허비하는 시간을 줄이기 위해서라도 자신만의 규칙을 만들어 정리하는 것이 좋습니다.

이 작업을 수시로 하게 되면 일의 우선순위가 뒤바뀌거나 시간을 원하지 않는 방향으로 사용하게 될 수 있습니다. 최소 한 주(혹은 한 달) 중 여유로운 날짜와 시간대를 찾아 정기적인 처리가 필요합니다.

월요일부터 바쁜 경우 일반적으로 한 주의 마무리를 하는 금요일로 배치하고, 한 주의 후반부가 더 바쁜 경우에는 월요일로 배치하는 것을 추천합니다. 한 달 기준으로 일정을 정해 둔다면 업무가 집중되는 시기를 피하는 것이 좋습니다.

주기별 업무 체크에도
전략이 필요하다

업무를 효율적으로 처리하기 위해서는 업무별 진행 프로세스를
정확히 알아야 하고 그에 맞는 업무 전략이 필요합니다. 전략은 행
동을 위한 계획으로 큰 것에서 작은 것으로 구체화하는 것이 기본
입니다. 우리가 여행계획을 세울 때도 가장 먼저 하는 것이 여행지
선정이죠. 그다음 무엇을 먹고, 어떤 것을 보며 즐기다 올 것인지,
여행지에서의 교통수단 등은 무엇인지 결정합니다. 큰 맥락을 잡
고 세부사항으로 들어가는 것이죠. 모든 일의 논리는 이와 동일합
니다.

한 해의 계획을 세워야 월간, 주간, 매일 할 일의 세분화가 가능합
니다. 회사의 일정을 참고하여 나의 업무를 예상하고 연간 계획을
세워보세요. 다음 항목들을 점검해 보면 도움이 될 것입니다.

주기별 업무 체크를 위한 확인사항

- 연 1회 정도 진행되는 이벤트 중 나와 관련 있는 업무는 무엇인가?

  (시무식, 신년회, 송년회, 종무식, 전사워크숍 등)

- 지난해 진행한 주요 일정은 무엇인가?

- 지난해 새롭게 진행된 사항은 무엇인가?

- 지금 진행 중인 프로젝트는 무엇이고, 올해 지속 예정인가?

- 올해 추가되는 프로젝트는 무엇인가?

- 분기별, 월별로 정기적인 일정에는 무엇이 있는가?

큰 그림이 그려졌다면 이제 월별, 주별, 일별로 체크할 항목이 필요하겠죠. 연간 계획 내에는 월별 주요 일정이 포함되어 있습니다. 이를 매월, 한 달을 세 번의 주기로 나누어 체크하는 것이 좋습니다. 월초에는 지난달에 예정되어 있던 사항 중 업데이트 사항이 있는지를 확인하고, 정기적으로 진행되는 일정(월간 회의, 비용 정산, Family Day, Birthday party, 신입사원 OT 등)을 체크합니다.

만약 2~3달 이내에 시작 예정인 행사나 프로젝트가 있다면 준비를 시작할 수 있도록 현재 할 일에 포함합니다. 월 중순에는 비용 정산, 서류 마감 등의 일정과 월초 확인 시점 이후 변경된 사항이 있는지 확인합니다. 또 월말까지 남아 있는 주요 일정을 체크합니다. 여유가 있다면 다음 달 주요 일정도 한번 봐 주세요. 월말에는 마감해야 할 업무와 다음 달, 연간 일정 중 업데이트 사항이 있는지 확인하여 미리 준비할 것을 체크해야 합니다.

한 달의 일정이 정해지면 매주, 매일 할 일도 알 수 있습니다. 주간 업무 계획 시에는 해당 주의 주요 일정에 대한 사항과 지난주 대비 변경 사항, 차주 예정 사항 등을 함께 고려해서 할 일을 추가해 주세요.

월요일	주중	금요일
• 해당 주의 주요 일정 및 준비 사항 확인 • 주말 동안 발생한 업데이트 사항 확인 후 반영	• 실시간으로 변경되는 사항 반영하여 업데이트	• 한 주 일정 리뷰 및 진행 현황 확인 • 다음 주 주요 일정 및 준비 사항 확인(2주 후까지 보면 더욱 좋음)

그리고 위 내용을 토대로 매일 할 일을 할 일 목록에 정리합니다. 업무 시작 전후에는 당일 업무를 기록하고, 일과 중 추가되는 업무와 업데이트 여부도 함께 기재합니다.

벤처기업일 경우 매월 조직이 변화하고, 행사도 많아서 거의 매일 수시로 일정 변화를 체크해야 합니다. 일반적인 기업의 경우 보통 월간 일정은 월초, 중, 말의 세 주기로 나누어 체크해도 충분히 업무에 참고할 수 있습니다. 주기별로 체크된 사항들은 주간, 일일 업무들의 우선순위 구분에도 적용됩니다.

효율성을 높여주는
일습관 공식

단순하게 생각하고 부딪혀라

하나의 업무를 처리하는 방식은 사람마다 다릅니다. 그만큼 다양한 방법이 있다는 의미이기도 한데요. 이때 최소한의 인풋으로 최상의 결과를 얻기 위해서는 숨은 공식을 찾아야 합니다.

일련의 과정으로 진행되는 업무의 패턴, 규칙을 찾게 되면 그것들을 최소한의 에너지로 처리할 방법을 발견할 수 있습니다. 중복되는 일들을 줄이거나, 업무별 소요시간을 고려하여 순서를 정할 수도 있습니다. 그리고 이 모든 것에는 효율을 높인다는 하나의 목적이 있습니다.

효율적으로 일한다는 것은 '단순화'하는 것입니다. 처리 절차뿐만 아니라 생각도 단순하게 해야 합니다. 깊게 고민하거나 이런저런 방식으로 겹겹이 생각하기보다는 하나씩 직접 부딪혀가며 해결해 나가는 것입니다.

① 대화할 때는 결론부터

처음부터 장황하게 설명하는 방식은 상대를 지치게 만듭니다. 가급적 대화는 결론으로 시작하여 그에 대한 이유를 간단히 설명해 주세요. 상사에게 보고하는 경우에는 필수입니다.

② 업무는 절차대로

회사에는 프로세스가 마련되어 있습니다. 담당 부서가 협업하기에 적합한 순서대로 정해져 있으니, 그에 따라 진행하기만 하면 됩니다. 처음에는 더 빠르게 할 수 있는 다른 방법이 있지는 않을지 알아내고자 너무 고민하지 않는 것이 좋습니다.

③ 한 페이지 이내로 요약하기

결론을 먼저 말하는 것이 중요한 만큼 문서로 전달할 때도 핵심이 먼저 파악될 수 있도록 합니다. 온라인이든 오프라인이든 많은 페이지 수와 스크롤 압박이 있는 문서는 받는 순간 그만큼의 부담을 느끼게 됩니다. 첨부 자료나 상세 설명이 길면 요약본을 먼저 보여주세요. 해당 내용을 검토할지 말지 거기서 결정됩니다. 어떻게 정리해야 할지 감이 안 온다고요? 육하원칙만 적어도 충분합니다.

④ 타인의 시선은 신경 쓰지 않기

업무를 진행하면서 다른 사람이 어떻게 볼 것인가를 고민하기 시작하는 순간 업무를 보는 초점이 흔들리게 됩니다. 상대의 기준에만 맞추려 하거나 모든 이들의 욕구를 충족시키고자 하는 데 에너지를 낭비하게 될 수 있습니다. 상대의 입장을 고려하는 것, 타인의 조언을 구하는 것은 좋지만, 그 이전에 나의 역량이 잘 드러나는 업무 결과를 만드는 것이 우선입니다. 타인의 생각을 지레짐작하지 않는 것이 좋습니다.

⑤ 생각은 짧게 시도는 빠르게

일을 신속 정확하게 하기 위해서는 군더더기가 없어야 합니다. 생각이 많아지고, 내용이 길어질수록 할 일도 많아질 뿐더러 일의 속도와 질도 낮아질 수 있습니다. 상황을 있는 그대로 바라보고 하나씩 순서에 맞게 주관대로 진행할 때 가장 빠르고 나다운 결과물을 만들어 낼 수 있습니다.

쉴 때 쉬는 것도
습관이다

머리도 쉬어야 아이디어가 나온다

앞서 매일 해야 할 일과 주기적으로 체크해야 하는 사항들을 파악하고 대략적인 자신의 업무 패턴을 정리하는 법에 대해 이야기했습니다. 자신의 하루 패턴을 안다는 것은 시간 관리를 할 수 있게 되었다는 의미입니다. 자신의 시간을 계획할 수 있다는 것이죠.

하루 일정표를 작성할 때 할 일만 빼곡하게 적는 사람들이 있습니다. 최대한 많은 일을 하고 퇴근 후에도 일 생각을 해야 일을 잘하는 것이고 하루를 제대로 보냈다고 생각합니다. 만약 당신이 이와 같은 일상을 보내고 있거나 희망하고 있다면 다시 생각해 보기를 권하고 싶습니다.

당일 마무리해야 하는 업무량이 많아 쉬는 시간 없이 일정을 소화해야 해서 빠듯하게 하루를 보낼 수는 있습니다. 하지만 매일의 일상이 이렇게 반복된다면 어떻게 될까요? 하나의 일을 마무리하자마자 곧바로 새로운 일을 하는 일상이 반복된다면 생각하면서 일을 하는 것이 아니라 단순히 업무를 해치우는 것이 목적이 되어버릴 수도 있습니다. 어떻게든 결과는 낼 수 있겠지만 과연 결과의 질도 좋을지는 의문입니다.

좋은 아이디어는 집중할 때보다 오히려 느슨하게 생각할 때 나오는 경우가 더 많습니다. 뇌에도 쉬는 시간을 주어야 합니다. 어쩌다 공백 시간이 생겼다면 다른 일을 하기보다 휴식을 취해 보세요.

일하는 속도보다 중요한 것은 마감 일정

업무를 빠르게 처리하는 것보다는 마감 전에 정확한 결과를 내놓는 것이 더 중요합니다. 마감일까지 여유가 있는 상황에서 일을 빠르게 처리해 놓았는데 중간에 방향이 변경되어 다시 일해야 하는 상황이 발생할 수도 있습니다. 우선순위에 맞추어 자신의 업무 체크리스트를 만들면서 시간 관리를 하는 이유죠.

회의 요청을 받아도 바로 수락하기보다는 해당 주의 일정을 보고 현재 해야 할 일과 우선순위를 체크한 후 조율해야 합니다. 시간이 비어 있다고 타 부서 요청에 바로 회의에 들어가다가는 하루 종일 회의만 하다 정작 내 업무는 퇴근 시간이 되어서야 시작되거나 다음 날로 미뤄야 할 수 있습니다.

52시간 근무제가 시행되면서 이제는 더욱 업무 시간에 집중해야 일이 밀리지 않고 진행될 수 있습니다. 이를 위해서는 자신이 시간의 주인이 되어야 합니다. 바쁜 시기가 정해져 있다면 평소에 미리 업무 비율을 맞추어 두는 것도 중요합니다. 업무가 몰리는 시기나, 일이 많아지는 시기가 주기적으로 찾아온다면 그 이전에 다른 해야 할 일들을 미루지 않고 해두는 것이죠.

모든 일을 마무리한 후에 쉬는 것보다, 업무 중간에 쉴 수 있는 시간을 마련하는 것도 좋습니다. 단 우선순위와 업무별 마감 시간은 고려해야겠죠. 중간에 쉬기 위해 해야 할 일을 미루게 되면 결국 업무를 가중하는 결과를 가져올 것입니다. 쉬는 시간에는 잠깐 스트레칭을 하거나 사내 휴게공간에서 머리를 식히며 재충전해야 합니다. 업무 중 숨어있는 시간을 찾으면 그만큼 컨디션 밸런스도 잘 유지할 수 있습니다.

컨디션 관리를 위한 진짜 휴식: 혼자 있는 시간

하루 한 번 혹은 적어도 주 1회는 나만을 위한 시간을 갖습니다. 업무에도 정리 시간이 필요하듯 나를 위한 정리 시간도 필요합니다. 업무와 일상에서 벗어나 온전히 나만을 위한 시간을 가져 보세요. 친구나 가족들과 시간을 보내는 것이 아니라 혼자만의 시간을 가지는 것입니다. 아무에게도 방해받지 않는 시공간에서 한 주는 어떻게 보냈고 다가오는 주는 어떻게 맞이할 것인지 스스로 돌아보며 재충전의 시간을 갖는 것입니다. 심신의 재정비는 삶의 활력을 북돋아 줍니다.

집중력이 높은
시간대를 찾아라

업무 시간을 효율적으로 보내기 위해서는 개인의 시간대별 바이오 리듬을 활용해야 합니다. 일반적으로 아침 시간대에 집중력이 높고 점심 후에는 집중력이 떨어지다가, 퇴근 전 다시 집중력이 높아집니다. 하지만 보다 구체적인 자신만의 패턴을 찾아야 합니다. 다음 질문에 체크하면서 본인만의 집중력 패턴을 찾아보세요.

Q. 하루 중 두뇌 회전이 빠르다고 느끼는 때는 언제인가요?

□ 동료들의 출근 전후 혼자만의 시간

□ 오전 시간

□ 점심시간 직후

□ 오후 3~4시경

□ 오후 4~6시경(퇴근 직전)

Q. 보통 하나의 업무를 진행하는 데 집중하는 시간은 어느 정도인가요?(멈추지 않고 온전히 몰입되어 있는 시간)

☐ 1시간 이하

☐ 1~2시간

☐ 2~4시간

☐ 다른 일정만 없다면 마무리할 때까지 지속 가능

Q. 집중력을 방해하는 요소가 무엇인가요?

☐ 동료와의 대화

☐ 업무 중 도착하는 이메일 또는 메신저

☐ 방해 요소에 굴하지 않고 집중을 잘 하는 편

☐ 그냥 집중력이 짧은 편

집중력이 시간대와 상관없다고 생각할 수 있지만, 하루 종일 다양한 업무를 처리한 뇌의 집중력보다는 외부의 자극과 인풋이 최소화되어 있는 아침의 집중력이 높습니다. 중요한 일이나 몰입해서 빠르게 해결해야 하는 일은 오전에, 당일 마무리해야 하는 나머지 일은 오후 시간대에 배치하되, 퇴근 전까지 마무리하겠다는 마음으로 집중력을 끌어올릴 수 있도록 합니다.

집중력이 활성화되어 있을 때는 가급적 방해 요소에 대한 반응을 최소화하는 것이 좋습니다. 동료의 질문을 받았을 때는 어떤 내용에 대한 질문인지 파악하고 급한 사안이 아니라면 이후에 답변 가능한 시간대를 전달합니다. 업무 중 도착하는 이메일은 제목만 팝업으로 확인 후, 현재 하는 업무를 어느 정도 마무리한 다음 다시 읽도록 합니다. 회신이 급하고 현재 업무의 소요시간이 길어질 예정이라면, 상황 설명과 함께 확인 회신을 해 주는 것이 좋습니다.

업무의 특성에 따라 발휘해야 하는 집중력도 달라질 수 있습니다. 내가 언제 가장 생산성을 최대화할 수 있는지 알고 있다면 시간 관리 또한 효율적으로 해낼 수 있습니다.

일에 교통사고 나지 않는 법1: 워밍업

헐레벌떡 출근 시간에 맞춰 딱 도착하여 일을 처리하려고 하면 우왕좌왕, 지금 눈앞에 있는 것들만 쳐내느라 급하게 해야 할 것들의 우선순위를 놓치게 되는 경우가 비일비재합니다.

잠에서 깨자마자 멍한 상태에서 무엇인가 하려고 하면 아무것도 떠오르지 않는 것처럼 회사 도착하자마자 바로 일을 시작하려 하면 뇌가 풀리지 않은 상태라 아이디어도 제한적이고 효율성도 떨어집니다.

출근 후, 30분 이내의 워밍업 시간을 마련해 주세요. 일정이 빠듯하다면 최소 5분~10분 정도 스스로 차 한잔의 여유를 선물하는 건 어떨까요? 눈치가 보일 땐 할 일 목록을 보며 뇌를 천천히 깨워주는 것도 좋습니다.

업무력을 높이는 핵심 습관

- 하루 동안 할 일을 파악하고, 정기적인 것과
  비정기적인 것으로 업무를 나눠라.

- 대화할 때는 결론부터 이야기하라.

- 느려 보이더라도 업무는 정규 프로세스대로 진행하라.

- 한 페이지 이내로 요약하라.

- 제때 휴식을 취해야 아이디어도 떠오른다.
  쉬는 시간을 잘 가지는 것도 능력이다.

- 집중력이 높은 시간대를 찾아라.

일에 끌려다니지 않는 법

업무 데드라인은 스스로 정한다

모든 업무에는 마무리되어야 하는 기한이 정해져 있습니다. 기한은 상사가 정해주기도 하고, 협업 중인 동료들과 조율하여 정하기도 합니다.

하나의 프로젝트가 진행된다고 가정할 때, 마감 기한은 크게 두 가지 유형으로 나뉩니다. 프로젝트 전체의 마감 기한과 이를 진행하기 위한 세부적인 일들의 마감 기한이죠. 예를 들어 새로운 기획이 6월에 시작될 예정이라면 최종 마감 기한은 6월이지만, 그 이전까지 준비해야 하는 일들도 순서에 맞게 마무리되어야 하겠죠.

"K 대리, 오늘까지 하기로 한 것 어떻게 진행되고 있어요?"

"L 과장, A 프로젝트 진행 상황 좀 알려주시겠어요?"

보통 정해져 있는 날짜까지 마무리하여 공유하면 되는데 꼭 그 전에 확인하려는 상사들이 있습니다. 심지어는 꼭 자신이 확인해야

만 받아볼 수 있냐며 핀잔을 늘어놓는 사람도 있습니다. 하필 보고하려는 찰나에 이런 말을 들으면 왠지 모를 억울한 마음도 들죠. 이때 이미 완성된 상태라면 결과물만 바로 가져갈 수 있지만 그렇지 않았다면 깔끔하지 못한 기분으로 공유하게 됩니다. 나름 열심히 작업해 왔는데 빛을 발하지 못하는 기분이 드는 순간입니다.

이런 일은 왜 생기는 것일까요? 일반적으로 우리는 상사가 정해준 일정까지 맞춰야 한다고 생각하고 업무에 임합니다. 하지만 대부분의 직장인은 상사가 지시한 업무 외에도 해야 하는 업무들이 존재합니다. 예를 들면 회사에 비용을 청구해야 할 일이 있을 수도 있죠. 한 사람은 동시에 여러 가지 일을 진행하고 있습니다. 또 일을 하다 보면 갑작스럽게 더 중요한 일이 생기기도 합니다. 그러다 보면 어느새 마감 기한이 코앞에 다가와 있습니다.

마감 기한에 대한 개념 통일

일을 하다 보면 사람마다 마감 기한에 대한 개념이 다른 경험을 할 수 있습니다. "화요일까지 제출해 주세요."라는 말을 들었을 때 월요일 퇴근 시간 전에 보내야 한다고 생각하는 사람도 있고, 화요일 퇴근 전까지만 제출하면 된다고 생각하는 사람이 있습니다. 정해진 듯 정해지지 않은 일정 같죠? 그래서 가급적 시간까지 명시해서 정하는 것이 좋습니다. 하지만 이때도 상대가 정해주는 대로 기한을 잡게 되면 그 일정에 맞추어 나의 일정을 조율해야 하기 때문에 개인의 업무와 협업 관계에 있는 업무의 마감 기한을 함께 고려하여 정할 필요가 있습니다. 만약 제안받은 일정까지 어렵다면 반드시 역제안해야 합니다.

> **팀장** "다음 주 화요일 4시까지 제출해 주세요."
>
> **나** "그날은 제가 외부 일정이 있어서요. 6시까지 드려도 될까요?"

큰 규모이거나 많은 인원이 참여하는 프로젝트면 개개인의 편의를 봐주기 어려우니 일방적으로 정해지는 경우가 많습니다. 이때는 자신의 업무 우선순위와 상호 협의가 이뤄진 데드라인을 비교하며 일정을 정리해야 합니다.

중간 데드라인 설정

중간 데드라인을 활용하면 진행 상황에 대해 공유하고 상호 방향성을 확인할 수 있습니다. 상사들이 생각하는 마감 기한은 일반적으로 최종 기한입니다. 늦어도 그때까지는 제출해야 하는 기한이죠. 그래서 가급적 정해져 있는 날짜보다 2~3일 여유를 두고 마무리하는 것이 좋습니다. 상사와 맞춘 마감 기한이 10일이라면 7~9일까지 마무리하는 것을 목표로 하되, 5일 정도에 진행 현황 보고를 하는 것입니다. 업무의 소요시간이 예상보다 길어질 것 같으면 그것도 미리 공유하는 게 좋습니다.

현황 보고는 점검뿐만 아니라 기간 단축에도 도움이 됩니다. 중간

보고라 생각하고 전달했지만, 최종 결과물로 채택되면 예정 기한보다 빨리 마무리가 될 수도 있습니다.

만약 상사가 기한에 대한 언급이 없다면 질문을 하거나, 직접 설정해서 제안하면 됩니다. 상호 간에 기한 설정 없이 일할 경우 서로 다른 우선순위로 인해 일이 지연되거나 누락될 수 있습니다.

타인에 의해 일이 진행되면 주체적으로 해야 하는 일들도 수동적으로 움직이게 됩니다. 내 일의 주인이 되기 위해서는 마감 기한의 결정권을 자신이 가질 수 있도록 해 보세요.

성과 내는 일습관

일에서 교통사고 나지 않는 법2: 마감 기한 설정

• 현재 진행하고 있는 업무와 중요도, 기한 공유하기

새로 추가되는 일과 현재 맡은 일의 중요도를 상대에게 공유함으로써 나의 상황을 객관적으로 전달합니다. 때로는 상사가 우선순위나 각각의 일정을 정리해 주기도 합니다.

• 자신이 가능한 일정 2~3가지 전달하기

주어지는 일정에 맞추기 어렵다면, 자신의 상황 설명과 함께 가능한 일정을 전달해 주세요. 언제까지 일정을 맞출 수 있는지 공유하여 상호 협의 가능한 일정을 찾습니다.

마감 기한까지의 기간이 2일 이상인 경우에는 중간 현황 공유가 필요합니다. 마감까지의 기간이 길지 않더라도 마지막 일자에 맞추어 업무를 보고했다가 수정이 필요할 수도 있으니, 항상 이를 염두에 두어 진행하는 것이 좋습니다. 특히 관련 부서나 인원이 많은 경우에는 필수입니다. 예를 들어 1일에 10일까지 마무리해달라는 요청을 받았다면, 8일까지 마무리한다고 생각하면 됩니다.

시점	주요 공유 내용	도출 가능한 내용
작업 1~2일 차	현재까지 진행 상황 공유	방향성이 맞게 설정되어 있는지 체크할 수 있습니다.
중간 지점	중간 현황 및 예상 결과 공유	방향성 및 결과 예측을 통해 다음 상황을 미리 준비할 수 있습니다.
마감 1~2일 전	최종 결과 전달	수정 및 보완사항은 업데이트하여 최종 마감일에 결과물을 낼 수 있습니다.

하루를 미리 살펴보자

시뮬레이션의 힘

이직을 준비하면서도 면접을 볼 때면 머릿속이 하얗게 되어버리고는 했습니다. 이런 제게 한 친구가 조언을 해주었습니다.

> "문을 열기 전에 '저 안에는 나랑 한 번쯤은 만났던 사람이 앉아 있다. 우리는 언젠가 한 번은 본 적 있는 사람이다. 아니면 그냥 옆집 사람이다.'라고 생각하고 들어가 봐."

과연 효과가 있을까 싶었지만 한번 해 보기로 했습니다. 그런데 예전보다 마음이 더 편안했고, 다른 면접 때보다 답변도 잘 하고 나온 기분을 느꼈습니다. 단지 머릿속으로 면접장에 들어선 저를 상상했을 뿐인데 말이죠.

사실 이 방법은 운동 선수나 성공한 사람들이 많이 활용한다고 하는 이미지 트레이닝입니다. 예정된 상황을 자신이 원하는 모습으로 처음부터 끝까지 상상해 보는 것입니다. 마치 그 순간의 자신이 된 것처럼 말하고 행동하다 보면 정말 그 순간에 원하던 모습대로 행동하게 된다고 합니다.

운동을 배울 때도 자세나 움직임을 먼저 상상해 보고 움직이면, 신기하게도 잘 되지 않던 동작이 더 잘 됩니다. 우리는 여행을 갈 때도 이와 같은 원리를 무의식적으로 경험합니다. 여행을 가기도 전부터 이미 여행지에 있는 듯한 설렘을 느끼는 거죠.

짧은 미래를 미리 그려보자

일상 속에서는 어떻게 적용해 볼 수 있을까요? 매일 아침이나 출근 시간, 잠들기 전에 맞이할 하루를 그려보는 것입니다. 입을 옷을 떠올리고, 해야 할 일들을 생각으로 정리해 보세요. 다음날 점심 메뉴나 출근해서 동료들에게 할 이야기도 좋습니다. 자신이 업무를 처리하는 모습도 상상해 볼 수 있겠죠. 중요한 발표가 있다면 멋지게 발표하는 모습을 그려봅니다.

만족스러운 자료를 준비하여 회의실에 들어가는 모습부터 발표를 하는 모습, 발표를 마친 후 청중들의 반응과 자신의 모습, 그 장소의 문을 닫고 나오는 순간까지 모두 상상해 보는 것입니다.

이때 걱정을 담지 않도록 주의해야 합니다. 상상은 현실로 이어지기에 걱정도 현실이 될 수 있습니다. 만약 '어려운 질문을 받으면 어떻게 하지?' 하고 걱정이 든다면, 질문을 가볍게 넘기는 상상을 해 보세요.

현재 주로 참여하는 회의, 진행 중인 업무와 관련하여 준비해야 하는 것들, 예상하지 못한 상황들을 대비하는 모습들을 그려보세요. 원하는 결과가 있다면 그것을 위해 어떻게 해야 하는지 생각해 보고, 행동에 옮기는 모습을 떠올려 보세요. 당신의 생각이 곧 현실이 됩니다.

하루를 매끄럽게 만드는 습관: 이미지 트레이닝

이런 일들을 앞두고 있다면 하루 정도 여유를 두고 미리 상상해 보세요!

- 중요한 전화 통화
- 회의 발표 / 나올 수 있는 질문
- 다음 날 입을 옷
- 다음 날 먹을 점심
- 중요한 고객과의 만남(표정과 태도, 대화)

• **주의사항**
- 지나치게 오래 상상하지 말 것
- 걱정으로 이어지지 않도록 하기
- 안 되는 방향이 아닌, 잘 되는 방향으로 생각할 것
- 해야 할 일을 당장 앞둔 경우

긴장감이 들 때일수록 이미지 트레이닝을 통해 무의식을 관리해 보세요. 앞으로 일어날 일들을 미리 생각해 봄으로써 실제 상황에서 습관처럼 자연스럽게 행동할 수 있게 됩니다.

항상 전체 그림을 고려하라

부분보다 전체를 보고 수정하라

요즘은 원하는 정보를 빠르게 얻을 수 있다 보니 업무도 최대한 빨리 처리하여 결과를 내는 것이 곧 능력이라 생각하기 쉽습니다. 물론 최소의 시간으로 최대의 결과를 내는 것은 중요한 능력입니다.

하지만 이때 중요한 점은 '이후에도 문제가 발생하지 않도록 처리되었는가?'입니다. 당장 눈앞의 불 끄기에 급급한 일 처리는 겉보기에는 처리가 된 것 같아도, 한걸음 물러나 보면 뒤에 더 큰불이 있을 수 있습니다.

제아무리 꼼꼼하게 확인하고 준비해도 사람이 하는 일이고 상황이 우리 뜻대로만 되지 않기 때문에 누구나 놓치는 부분이 발생할 수 있습니다. 특히 많은 이들이 놓치는 포인트가 지적받은 사항만 수정하는 것입니다. 상사로부터 받은 피드백이 A 항목의 수정일 경우, 대부분은 그 부분만 수정해서 재보고를 합니다. 하지만 이때 다른 항목에서 새로운 피드백을 받을 확률이 아주 높습니다. 이 작업이 반복된다면 상사는 참다못해 한마디 하겠죠.

> "이것만 보지 말고 전체적으로
> 다시 보고 가지고 오세요."

최대한 빠르게 수정해서 최종 결과물을 내야 한다는 마음에 당장 해야 하는 것만 보는 것입니다. 하지만 전체적인 내용과 함께 피드백 받은 부분을 다시 살펴보고 보완하면 그다음에 발생할 수 있는 문제를 최소화하거나 미연에 방지할 수 있습니다.

이 정도쯤은 괜찮을 거라는 생각으로 결과만 빠르게 정리해서 낸 결과물은 티가 납니다. 혹은 한 번 수정한 사항에 다시 수정을 요구받은 경우 '이번만 넘어가고 다음부터 제대로 해야지.'라고 하면 다음에도 또 같은 문제가 발생합니다.

당장은 아무런 문제 없이 지나갈 수 있지만, 훗날 중요한 순간에 더 큰 문제로 다시 나타날 수 있습니다. 어차피 나중에 다시 제대로 해야 한다면 처음 발견되었을 때 정확하게 해 두는 것이 가장 시간을 절약하는 것입니다.

급하다고 남에게 의존하지 말 것

취업 컨설팅을 하다 보면 서류 첨삭을 하게 됩니다. 보통 이때는 서류상 표현력이나 오타 검열, 사례를 끌어내는 등의 컨설팅이 진행됩니다. 그러나 간혹 대필 또는 면접용 발표 프레젠테이션 제작을 의뢰하는 사람들이 있습니다.

이는 코앞의 상황만 보느라 그다음에 넘어야 할 산을 보지 못하는 셈입니다. 취업의 간절함으로 전문가의 손을 빌리고자 하는 마음은 이해합니다. 하지만 전문가의 손길로 만들어진 서류나 발표 자료로 당장 합격을 하게 되더라도 그다음이 문제입니다.

실제로 입사하고 나면 모든 자료는 직접 제작하게 될 텐데, 그때마다 전문가에게 비용을 지불하면서 맡길 수는 없죠. 실력은 바로 드러날 것입니다. 동료들의 기대감과 신뢰를 이어가는 것은 자신의 몫입니다.

운전 연수 시에도 안전을 위해 앞차만 보지 말고 멀리있는 신호도 보고 좌우도 살피라고 합니다. 우리가 나아가야 하는 길은 앞으로 더 길게 뻗어 있습니다. 그 길을 안전하게 나아가기 위해서는 스스로를 살피고 가능하다면 멀리 내다보는 연습도 해야 합니다.

멀리 본다는 것은 향후 생길 수 있는 문제를 생각해 보는 것입니다. 당장의 문제 해결에만 집중하다 보면 실수를 놓칠 수 있습니다. 빠르게 하려는 생각은 마음을 더 급하게 만듭니다. 현재 눈앞의 일이 많아서 막막하다면, 한걸음 물러나 침착함을 찾아보세요.

동시 업무는 줄이고,
일은 순서대로

멀티태스킹의 함정에 빠지지 마라

동시에 여러 가지 일을 하는 것이 일을 잘하는 것이라 생각하는 사람들이 있습니다. 훌륭한 능력인 것처럼 보이지만 현실적으로 쉽지 않습니다. 혹시 다음과 같이 일하고 있지는 않나요?

쉽게 빠지는 멀티업무의 예

- 전화 받으면서 문서 작성하기
- 회의하면서 프레젠테이션 준비하기
- 컴퓨터로 문서 작성하며 옆 동료와 논의하기
- 프로젝트 진행 중 신규 프로젝트 기획하기
- 보고서 작성 중 다음날 회의 자료 준비하기

이 외에도 멀티업무는 많습니다. 하지만 실제로 동시에 이루어지는 경우는 거의 없습니다. 대부분은 하나를 멈추고 다른 것을 해야 하죠.

한 가지 일을 하며 연관된 일을 하거나, 대기 시간 동안 처리하는 것은 가능합니다. 즉, 동시에 하는 것이 아니라 '순차적'으로 하는 것입니다. 동시에 여러 개의 파일을 열어 놓고 작업을 하거나, 당일 해야 할 일을 조금씩 돌아가면서 한다면 완성도 높은 결과가 나오기는 어렵습니다. 한 가지 일이라도 정확하게 처리하는 것이 중요합니다.

현존하는 기업을 예로 들어보면, 다양한 비즈니스를 한 번에 추진하는 기업 중에 좋은 성과를 내는 곳은 찾기 어렵습니다. 다양한 사업을 진행하더라도 그중에 하나를 우선 핵심적으로 추진하는 기업이 성공 확률이 높습니다. 결과를 내기 위해 집중한 후에 다음 단계로 넘어가는 것이죠.

진정한 멀티태스킹은 동시에 여러 업무를 하는 것이 아닌, 개인이 처리할 수 있는 업무의 영역이 넓어지는 것입니다. 현재 주어진 직무 외에 다른 직무에서도 도움이 될 수 있는 역량을 가지는 것이죠. 한 번에 많은 양의 일을 처리하는 것, 혼자서 모든 것을 처리하려는 것은 열심히만 하는 사람을 만들 뿐입니다.

출근하자마자 할 일 중 이메일 확인은 2순위

일과의 시작을 잘 해서 매일 뿌듯함을 느끼고 싶다면 모닝 루틴이 필요합니다. 컴퓨터를 켜고 가장 먼저 확인하는 것은 무엇인가요?

간밤에 도착한 이메일, 뉴스, 캘린더 등 각자 다를 것입니다. 어떤 것을 먼저 시작하는 것이 정답이라고 할 수는 없지만, 이메일은 확인하지 않는 것을 추천합니다.

이메일을 먼저 확인할 경우, 바로 답장을 하려는 충동이 올라와 업무의 우선순위를 되찾기 어려워지기 때문입니다. 메일에 답장을 다 쓰고 할 일 목록을 봤을 때 방금 처리한 업무보다 더 중요한 것들이 눈에 띄면 마음이 급해지겠죠. 이메일 내용을 수정해서 다시 보내야 하는 경우도 있습니다.

회사에 도착하여 자리에 앉자마자 이메일을 확인하는 것은 아침에 일어나자마자 휴대전화를 보는 것과 비슷합니다. 휴대전화를 보느라 정작 해야 할 일을 시작도 못하고 시간이 지나가 버리죠. 이메일 회신이 업무 처리일 수 있지만, 더 중요한 일을 후순위로 밀리게 할 수도 있습니다. 만약 이메일을 먼저 확인해도 바로 회신하지 않고 할 일 점검을 먼저 할 수 있다면 순서는 상관없습니다.

우선순위에 맞게 일을 순차적으로 진행하기 위해서는 가장 먼저 자신만의 할 일 목록을 점검하고, 각 업무를 언제까지 해야 하는지 정리합니다. 그다음 이메일을 열어 방금 작성한 리스트의 내용과 관련된 것들이 있는지 확인합니다. 업데이트된 사항 혹은 마감 일자나 우선순위 조정이 필요한 것들이 무엇인지 체크하고 순서를 재정리합니다. 그날의 할 일 목록을 확인한 후, 이메일을 오픈하면 조금 더 우선순위에 맞게 진행할 수 있습니다.

지금 당장 해야 할 일 찾기: 긴급 리스트

갑작스럽게 일이 많이 몰린 듯한 기분이 들거나, '이것도 해야 하고, 저것
도 해야 한다'는 마음이 들어 조급하다면 업무 순서의 정렬이 필요하다는
의미입니다. 일반적으로 할 일 목록의 우선순위대로 진행하는 것이 좋지
만, 그런데도 놓치는 일이 있을까 불안하다면 다음 단계를 실행해 보세요.

- **1단계: 나열하기**
  지금 떠오르는 일들을 모두 다 적어 보세요. 사소한 것들도 모두 포함
  합니다.

- **2단계: 긴급 구분하기**
  나열된 항목 중 마감 기한까지의 시간을 고려하여 오늘 반드시 해내야
  하는 것과 당장 하지 않아도 되는 것들을 구분해 주세요. 모두 급하고
  중요한 업무겠지만 우리에겐 늘 마감 기한이 있다는 것을 기억해야 합
  니다.

- **3단계: 그룹화하기**
  중복되는 업무도 있을 것이고, 비슷한 종류의 업무라 한 번에 해결할
  수 있는 일들도 있을 것입니다. 주제별 또는 항목별로 그룹화하여서 리
  스트를 간소화해 봅니다.

- **4단계: 순서 정하기**
  오늘 해야 하는 일 중 가장 먼저 해야 하는 것부터 번호를 매기고 순서
  를 정렬합니다. 일정표상 비어 있는 시간에 입력하고 순차적으로 진행
  합니다.

업무력을 높이는 핵심 습관

- 마감 기한의 개념을 상사와 통일하고,
  자신만의 마감 기한을 정하라.

- 중간보고로 방향을 점검하고,
  최종 마감 기한의 2일 전이 마감이라고 생각하라.

- 짧은 미래부터 중요한 업무까지 머릿속으로 시뮬레이션 하라.

- 일부 수정이라도 항상 전체를 수정한다고 생각하고 임하라.

- 동시에 진행되는 업무를 줄이고, 일을 순서대로 진행하라.

4장
부드러운 소통 습관

소통과 협업을
원활하게 만드는 습관들

커뮤니케이션은
타이밍이다

최근 많은 기업들이 수평적 구조와 소통을 추구하면서 커뮤니케이션 능력의 중요도가 더욱 높아지고 있습니다. 소통은 서로의 의견이 막히지 않고 잘 전달되는 것을 의미합니다. 개인 역량 평가에도 기본적으로 커뮤니케이션 항목이 포함되어 있죠. 일반적으로 소통이 잘된다고 하는 것은 전하고자 하는 메시지의 핵심을 상대방이 이해할 수 있도록 잘 전달하고 다른 사람의 이야기를 잘 듣고 이해하는지를 의미합니다.

이때 한 단계 더 나아가 진정한 소통이 가능하도록 하는 중요한 요소가 바로 타이밍입니다. 커뮤니케이션에 있어서 적절한 시기는 서로 대화할 준비가 되어 있을 때를 의미합니다. 보고서를 다 작성했다고 해서 바로 보고할 수 있는 것은 아니고, 질문이 있다고 무턱대고 찾아가면 원하는 답을 얻을 수도 없습니다. 상대방도 대화를 나눌 수 있는 상황이어야만 커뮤니케이션이 시작될 수 있는 것입니다.

건설사에서 해외지사 관리 업무를 맡게 되었을 때 직책은 과장이지만 부서 전체를 관리하던 선배에게 인수인계를 받고 업무를 배웠습니다. 기존에 해오던 직무가 아니라 갈피를 못 잡고 있던 저에게 차근차근 일을 알려주었습니다. 꼼꼼한 설명에 많은 도움을 받았지만, 전체적으로 일을 수월하게 할 수 있었던 방법은 항상 언제 이야기를 나누자고 먼저 이야기하는 것이었습니다. 선배가 따로 언급이 없을 때는 언제 가능한지 묻고 그 시간에 보고하거나 질문하면서 일을 진행하는 거죠.

보고하기 좋은 타이밍은 보고의 질을 높인다

커뮤니케이션은 우리가 하는 모든 업무에 필수적이지만, 가장 많이 하는 경우는 보고할 때입니다. 보통은 결과를 보고하지만, 진행 상황 체크를 위해 수시로 보고를 합니다.

보고 방식이나 시기는 상사와 상황에 따라 다릅니다. 혼자 적절한 시점이라 판단하고 상사에게 보고하는 것은 오히려 그의 업무 흐름을 끊고 효율을 떨어뜨릴 수 있습니다. 상사에게 보고하는 것 외에 동료 간, 부서 간의 소통 시에도 정확한 내용 전달만큼이나 전달 시점은 중요합니다.

부서원 간 일정을 모두 알 수 있는 것이 아니기 때문에 상대가 대화 가능한 시간을 찾아야 합니다. 아무리 좋은 정보이고, 정성 들여 작성한 자료라도 적절한 시점이 아닐러면 효용성이 떨어집니다. 몇 번을 보고하느냐보다는 적절한 정보를 필요한 때에 맞추어 전달하는 것이 중요합니다.

보고의 타이밍은 마감 기한과 관련이 깊습니다. 정확한 보고 시기를 알고 있다면 적어도 중간에 보고하느라 미완성인 상태로 보고할 확률은 낮아지겠죠. 보고의 질을 높이기 위해서는 결국 타이밍이 중요한 것입니다.

성과 내는 일습관

보고의 질을 높이는 습관: 상대의 일정 체크하기

상호 간 원만한 소통을 위한 타이밍을 찾기 위해서는 상대의 일정을 체크해 보는 습관이 필요합니다.

- **지시받을 때 마감 기한을 정확하게 요청**
  "이건 언제까지 마무리해서 보여드리면 될까요?"
  "다음 주 화요일 오후 3시까지 공유 드리면 될까요?"

- **어떤 사안에 관해 이야기 나눌 것인지 간단하게 설명**
  상대방도 준비할 수 있는 여유를 줌과 동시에 적절한 시점을 공유받을 수 있습니다.

  "이번 달 실적 자료 관련하여 문의드릴 사항이 있는데요. 대화 가능한 시간 말씀 주시면 찾아뵙겠습니다."
  "지난달 기획 행사 관련 보고서 완료되었습니다. 검토 가능한 시간 말씀 주시면 찾아뵙고 보고 드리겠습니다."

투명한 커뮤니케이션을
위한 습관

말은 하면 이해, 안 하면 오해입니다. 본인은 아무리 다 이해할 수 있다고 해도 사람인지라 오해가 생길 수 있기에 투명한 커뮤니케이션을 해야 합니다. 평소 궁금증이나 생각을 대화로 풀어나가는 편인가요? 혼자 생각하고 해결하려는 편인가요? 상황에 따라 다를 수 있겠지만, 업무를 더욱 빠르고 정확하게 하기 위해서는 의문이 들었을 때 바로 대화를 통해 풀어나가려는 노력이 필요합니다.

소통 경로는 단순하게

업무 관련 궁금한 사항이 있을 때는 관련된 사람에게 직접 문의를 해야 합니다. 예를 들어 부장님이 지시한 기획서 작업 시, 구체적인 대상과 전체적인 구상에 대해 의문이 든다면 부장님께 직접 여쭤봐야 합니다. 선배나 기획서를 많이 쓰는 친구, 동료에게 문의한다면 물론 그들의 경험이나 생각을 들을 수는 있겠지만 실질적으로 부장님이 생각한 방향의 결과물을 낼 수 있을지는 알 수 없습니다. 명확한 소통을 위해 대화의 경로를 단순화시킬 필요가 있습니다. 질문도 돌려 말하기보다 직접적으로 표현해야 합니다.

"혹시 가이드 한번 부탁드려도 될까요?"
"제가 이렇게 진행하려고 하는데 어떤지 검토 부탁드려도 될까요?"

가령 타부서에 담당자가 확실하지 않은 상태에서 문의해야 한다면 다음과 같이 담당자를 명확하게 확인하는 것이 좋습니다.

"제가 J 프로젝트 관련해서 상품기획팀과 협업이 필요한데요. 혹시 아래 건에 대해 어느 분과 이야기하면 되는지 알 수 있을까요?"
"본 건과 관련하여 추가적으로 함께 논의해야 하는 담당자가 있다면 공유 부탁드립니다."

담당자를 확인했다면, 소통이 복잡해지지 않도록 담당자와 직접 소통합니다. 커뮤니케이션의 경유지를 최소화할수록 목적지에 도달하는 속도와 정확도는 높아집니다.

"○○와 관련하여 궁금한 사항이 있어 문의합니다만, 다른 담당자가 있는 경우 말씀 주시면 제가 직접 문의하겠습니다."
"○○ 관련 담당자 연결 부탁드려도 될까요?"

소통을 원활히 하는 사람은 솔직하게 자신의 의견을 전달하려고 노력합니다. 신뢰받는 사람은 자신의 의견과 필요한 내용을 분명하고 직접적으로 표현하는 사람입니다.

이메일을 이용한 명확한 소통

일하다 보면 같은 내용을 서로 다르게 이해하는 경험을 하게 됩니다. 내가 전한 의도와 다르게 상대가 받아들일 수도 있고, 함께 나눈 대화의 내용을 서로 다르게 인지하고 있을 때도 있습니다. 상사나 다른 사람에게 말이 잘못 전달되기도 하고, 분명히 들은 대로 진행했지만, 상사가 요청한 내용과 다르다고 할 때도 있습니다. 심지어 상대가 너무나 확실하게 자신이 맞다고 주장할 때는 '내가 진짜 틀린 것인가?' 하며 스스로 의심하게 되기도 합니다.

이런 상황은 대부분 전달이나 이해가 명확하지 않아서 발생합니다. 급한 내용은 이메일을 보내기보다 말이나 메신저로 전달받는 경우가 많은데 특히 이런 경우에는 더 심해집니다. 이럴 때는 바로 가서 모호한 부분을 질문하거나, 이메일로 이해한 내용과 궁금한 부분을 보내 두는 것이 좋습니다. 서로 이해의 차이로 오해가 생기면 자칫 감정적인 대화로 이어질 수도 있습니다. 이는 사전에 객관적인 근거를 마련해서 예방하는 것이 좋습니다.

특히 말로 전달된 내용은 휘발성이 강하기 때문에 오해가 생겼을 때 기억에 의지할 수밖에 없습니다. 만약 상사가 '내가 언제 그랬어요?'라고 나온다면 억울한 마음이 들겠죠. 따라서 가급적 구두로 나눈 이야기도 이메일로 남겨두는 것이 좋습니다. 이메일을 요청할 때는 이유와 함께 요청하면 됩니다.

> "방금 말씀 주신 내용 이메일로 한 번만 정리해 주시면 제가 보고 시(혹은 ○○ 업무 시)에 참고할 수 있을 것 같은데요. 부탁드려도 될까요?"
>
> "제가 지금 바로 메모가 어려워서요. 죄송하지만 이메일로 이 내용 하나만 보내주실 수 있을까요?"

반대로 상대가 보낼 수 없는 상황이라면 우리가 남겨놓을 수 있겠죠. 이메일로 방금 나눈 내용을 바로 남겨 두는 것입니다. 그리고 마지막에는 한 문장만 덧붙여 주면 됩니다.

> "방금 말씀해주신 내용 이메일로 정리해서 보내 놓겠습니다. 제가 잘못 이해한 부분이 있으면 바로 말씀 부탁드릴게요."

최대한 오해는 생기지 않는 것이 좋겠지만, 언제든 오해가 생길 수 있습니다. 이때 투명하고 정확한 커뮤니케이션을 위해 이메일을 활용해 보세요. 여러 번 말로 설명하는 것보다 한 번의 확실한 사실 전달로 분명한 입장을 표명할 수 있게 됩니다.

**성과 내는
일습관**

상대의 회신을 부르는 습관

• 필요 일정 정확하게 안내하기

"5월 10일까지 완료되어야 하는 건으로, 수신 후 검토 기간을 고려하여
5월 9일까지는 회신 부탁드리겠습니다."

일정에 대한 언급 없이 내용만 전달하면 우선순위가 상대의 입장에서
결정됩니다. 간혹 회신이 늦어져 확인하면, '급하신지 몰랐어요.', '○월
○일까지 필요하신지 몰랐어요.'와 같은 말을 듣게 될 수 있습니다. 자
신에게 필요한 일정을 정확하게 알려주어서 상대가 협조할 수 있도록
한다면 결국 내가 원하는 시기에 답을 얻을 수 있겠죠.

• 감사 인사 먼저 전하기

"바쁘신 중에도 도움 주셔서 감사합니다."

바쁜 상대의 입장을 고려하되, 그럼에도 불구하고 협조해 줄 것에 미리
감사 인사를 전하면 심리적으로 바로 도움을 줘야겠다는 생각이 들겠
죠?

들을 때는 화자를,
말할 때는 청자를 고려하라

언어는 한 가지 단어가 다양한 의미를 내포하기도 하고, 비슷한 의미의 단어가 여러 개일 수도 있습니다. 상사의 표현 방식에 따라 사용되는 단어는 다르더라도 통일감 있게 의미를 이해할 수 있을 때 소통도 원활할 수 있습니다.

마케팅팀에서 근무하는 H 대리는 명절 때만 되면 회사에서 외부로 나가는 고객사들에 전할 감사 편지를 작성합니다. 이때 레퍼런스를 가져와 참고하곤 했습니다. 한국에서 사용하는 명절 인사 문구에는 한자가 포함된 경우가 많은데, H 대리는 편지에 한자가 포함되어 있는지를 꼭 확인합니다. 대표이사가 외국인이기 때문인데요. 한국어도 잘 하지 못하는 외국인 대표이사가 한자어가 포함된 감사 편지를 썼다면, 받는 사람들도 그가 직접 작성하지 않았다는 느낌을 받게 되겠죠. 바로 청자와 화자를 모두 고려한 것입니다.

저도 비슷한 경험이 있었습니다. 업무 보고를 하고 있는데, 상사가 계속 모니터를 쳐다보며 키보드 타이핑을 하는 것이었습니다. 제 이야기를 듣는 것인지 아닌지 알 수 없어 잠시 보고를 멈췄습니다. 잠시 후 상사는 보고 사항에 대해 답변을 하면서, 모니터를 가리켰습니다. 모니터에는 한영사전 페이지가 열려 있었고 상사는 제가 하는 말 중 잘 이해가 되지 않는 부분을 검색하며 듣고 있었던 것입니다. 최대한 한자어는 피해서 보고하려고 했지만, 그럼에도 불구하고 당시 상사의 입장에서는 이해가 어려운 단어가 있었던 것이죠.

사람들은 대화할 때 본인에게 익숙한 표현을 주로 사용합니다. 하지만 때로는 그 표현이 다른 상대에게는 잘 전달되지 않는 경우도 있습니다. 그래서 앞의 예처럼 화자와 청자의 입장을 모두 고려한 표현이 필요한 것입니다.

업무에 필요한 약어의 정확한 의미를 파악하라

외부로 전달되는 메시지뿐만 아니라 회사 내부적으로 통용되는 언어도 통하는 표현이 따로 있습니다. 회사에는 내부적으로 사용되고 있는 약어(줄임말)가 존재합니다. 트렌드에 발맞춰 인싸 용어를 아는 것도 좋지만, 회사에서 업무를 정확하게 처리하기 위해서는 그 조직 내에서 쓰이는 용어를 잘 아는 것이 중요합니다.

건설업에 종사할 때 번역 업무를 맡았는데, 해당 업종에서 사용되는 단어의 뜻에 대한 정확한 이해가 필요한 경우가 많았습니다. 항상 관련 용어 사전을 활용해야 했죠. 법률회사에서는 법률 용어뿐 아니라 한자에 대한 이해도 필수였습니다.

회사에서 활용되는 표현들은 업종에 따른 전문 용어도 있고, 업무를 진행하면서 만들어지는 말도 있습니다. 프로젝트명이 될 수도 있고, 회사에서 보안상의 이유로 만들어 낸 단어일 수도 있습니다. 특히 줄임말의 경우에는 하나의 단어처럼 통용되기도 합니다. 이때 그 의미를 알고 모르고는 큰 차이가 있습니다. 대화할 때 단어의 의미가 무엇인지 모른다면 그에 맞는 대응을 하기도 어렵겠죠. 당연히 소통에 공백과 비효율이 발생합니다. 이는 업무 진행에도 영향을 주게 되지만, 개인 이미지에도 연결됩니다.

소통한다는 것은 상황과 상대에 대한 이해를 기본으로 합니다. 지금 회사에서 뜻은 정확히 모르지만 사용하고 있는 용어는 없는지 찾아보세요. 언어에 대한 이해가 시작된다면 업무에 대한 깊이뿐 아니라 개인 역량의 깊이도 달라집니다.

'관계 중심 vs. 일 중심' 어떤 차이가 있을까?

삶에서 지향하는 바가 다르면 같은 상황에서도 다른 의견을 내게 되고 심할 때는 '우린 정말 안 맞아.'라는 판단까지 하게 됩니다.

보통 이해가 잘 안 되는 관계는 나와 다른 부분이 있기 때문입니다. 선호도나 취향이 다를 수도 있겠지만 기본적인 성향의 차이를 알면 상대를 이해하는 데 도움이 되기도 합니다.

- 일하기 위해서는 관계가 우선! '관계 중심'

사람들과 원만한 관계를 유지하는 것이 더 중요하고, 업무상 부탁할 때도 친분이 있는 상황에서 조금 더 편안함을 느끼는 사람들이 있습니다. 이들은 주변 사람들을 세심하게 관찰하고 챙기면서 관계를 쌓고 본인이 편안한 환경에서 일할 수 있도록 행동하는 편입니다.

▷ 상사가 관계 중심형이라면?

관심과 칭찬을 먹고 사는 유형입니다. 지나가는 말을 할 때 귀 기울여 주고, 그들의 말에 적극적인 호응을 해 주세요.

"○○(상사) 덕분에 이번 프로젝트 잘 마무리할 수 있었습니다. 감사합니다."

- 친하지 않아도 일은 할 수 있어! '일 중심'

사람보다는 일, 자신의 목표에 더 관심이 많은 사람입니다. 관계의 친분이나 감정과 일은 별개라 생각합니다. 친분이 있지 않은 사람이라도 업무상 요청 사항을 바로 전달할 수 있습니다. '부장님은 나한테 관심이 없어.'라고 생각할 수 있지만, 사실 그는 누구에게도 관심이 없을 수 있습니다.

▷ 상사가 일 중심형이라면?

사적인 이야기나 업무 외 농담은 줄이고 업무 관련 이야기를 주로 나눠 보세요. 상사의 성과가 있다면 존중해 주고, 자신의 목표는 어떻게 이뤄나가면 좋을지 의논한다면 적극적으로 도움을 줄 것입니다.

단, 일 중심이라고 해서 아예 사람에 관심이 없거나, 관계 중심이라고 해서 일을 덜 중요하게 생각하는 것은 아닙니다. 서로 중요도를 어디에 두고 있느냐의 차이일 뿐입니다.

대안이나 근거 없는
거절은 비난일 뿐이다

그건 좀 아니라고 할 때는 근거를 대자

신제품 개발을 위해 여러 팀 담당자들이 모였습니다. 각자 준비해온 자료를 발표할 생각에 긴장도 되고 어떤 의견들이 나올지 궁금한 상황이죠. 보통은 한 명씩 아이디어를 제안하고 의견을 듣습니다. 상품기획 1팀의 P 과장이 준비한 아이디어를 발표했습니다. 발표가 끝나고 의견을 나누던 중 옆 팀의 K 대리가 한마디 합니다.

> K 대리 "근데, 요즘 트렌드에 너무 안 맞는 것 같아요."
>
> P 과장 "그럼 더 나은 게 뭐가 있을까?"
>
> K 대리 "글쎄요. 아, 근데 그건 좀 아닌 것 같아요."

K 대리의 솔직한 발언에 잠시 적막함이 흘렀고, P 과장이 침착함을 유지하며 다시 물었습니다. 이에 K 대리가 일말의 고민없이 바

로 다시 대답한 상황입니다.

이어지는 추가 의견이 없어 다음 발표가 이어지고, 최종 결정은 다음 회의 시간에 재논의하기로 했습니다. P 과장은 자리로 돌아와서도 K 대리의 의견이 계속 신경 쓰이겠죠. 트렌드에 맞지 않으니 다른 대안을 생각해야 할 것 같은데, 어떤 부분이 문제인지 감이 오지 않기 때문입니다.

아이디어를 나누다 보면 동의하기 어려운 순간도 있습니다. 이때 나와 생각이 다르다는 이유로 일단 'NO'라고 외치는 것은 위험합니다. 어떤 이들은 이러한 의견 개진을 비판적 사고라고 하기도 합니다. 하지만 비판적으로 사고한다는 것은 긍정, 부정을 떠나 어떠한 기준을 가지고 현재보다 더 나은 방향은 무엇일까 판단하는 것을 의미합니다. 자신의 개인적 주관, 감정에 의해 판단하는 것이 아닌 것이죠.

당신이 의견을 제안했을 때 상대가 무조건 아니라고 할 때 기분이 어떤가요? 이유나 다른 대안도 없이 무조건 반대하는 것은 단순 지적에 한하는 비난일 뿐입니다.

건강한 커뮤니케이션이란 상대를 존중하되 자신의 의사를 정확하게 표현하는 것입니다. 의견의 설득력을 높이기 위해 예시를 보여주듯, 반박할 때도 대안이나 근거를 제시해야 합니다.

"그건 너무 트렌드에 맞지 않는 것 같은데, 이렇게 해 보는 건 어때요?"

대안이 떠오르지 않는다면, 의견과 함께 이유를 전달해야 합니다.

> "요즘 트렌드는 이러이러한데, 말씀 주신 내용은 그와 반대되는 느낌이 들어서요. 다른 방법은 아직 생각나지 않지만, 만약 떠오르면 다시 말씀드릴게요."

당장 의견에 반하는 다른 제안사항이 없더라도 '아, 그럴 수도 있구나!' 하고 이해할 수 있습니다. "그럴 수 있겠네. 그럼 이렇게 해보는 건 어떨까?"로 대화가 이어지면서 토론다운 대화가 진행될 수도 있습니다.

같은 주제로 다양한 생각을 나누는 것은 보다 생산적인 결과를 내고자 하는 작업입니다. 서로 다른 생각을 하고 있기에 다른 의견이 나오는 것은 당연합니다. 만약 상대방이 방향성이나 초점에서 벗어난 이야기를 하고 있다면 그에 관해 설명해 주면 됩니다. 그가 정확한 논점을 찾을 수 있도록 말이죠.

하나를 보더라도 남들과 다른 시각으로 보았을 때 새로운 제안을 할 수는 있지만, 그에 대한 설명이 뒷받침될 때 비로소 그 제안이 완성되는 것입니다. 모든 의견에는 그 배경이 있듯이, 타인의 의견에 생각을 덧붙일 때도 적합한 대안이나 근거를 함께 제시해야 더 좋은 결과를 만들어 낼 수 있습니다.

동의하지 않고, 의견을 존중하는 법: 그렇구나

회의하다 보면 자유롭게 의견을 나누어야 하는데 나와 다른 의견을 만나면 좀처럼 쉽지 않습니다. 특히나 상사의 의견에 동의하고 싶지는 않지만 그렇다고 대답을 안 할 수도 없는 상황에서 어떻게 하면 상사의 기분을 건드리지 않으면서 나의 의견을 제시할 수 있을까요? 상황을 평화롭게 해주는 '그렇구나' 화법을 사용해 보세요.

"그렇군요. 저는 …라고 생각합니다."

긍정도 부정도 아니지만, 상대의 의견을 존중하는 표현과 함께 자신의 의견을 전달할 수 있습니다.

먼저 알아주고
배려하고 표현하라

나의 노고를 누군가 알아주길 원하는 마음으로 일하는 것은 아니지만, 일한 만큼의 보상이나 대가를 바라는 것은 당연합니다. 하지만 반대로 내가 먼저 타인을 알아주기도 쉽지 않죠.

빅데이터 시대가 도래하면서 애써 힘들이지 않아도 내가 원하는 것들을 찾을 수 있게 되었지만, 다른 한편으로 우리는 여전히 관계 속에서 공감과 인정에 대한 갈증을 느끼고 있습니다.

어차피 누구나 다 그 상황이 되어봐야 안다

때때로 우리는 상대의 마음이 잘 이해되지 않을 때가 있습니다. 가령 앞사람이 문을 열고 들어가면서 문에서 손을 그냥 놓는 바람에 뒤에 들어가던 사람이 다칠 뻔한 상황을 보고 우리는 속으로 생각합니다. '뒤에 사람 있는지 좀 보지. 왜 이렇게 배려가 없어.' 또 다른 예로 화장실에서 볼일을 보러 들어갔더니 휴지의 심지만 남아 있습니다. 우리는 속으로 생각합니다. '다음 사람 생각해서 신경 좀 써주지.' 회의실 사용 후에도 정리하고 가는 사람이 있는가 하면 자신의 흔적을 고스란히 남겨 두고 가는 사람도 있습니다.

일상생활 속에서 흔히 경험할 수 있는 일입니다. 하지만 내가 그 행동의 주체가 될 수도 있습니다. 막상 급할 때는 나도 뒤에 들어오는 사람을 못 볼 수 있고, 화장실에서 나오면서 다른 일에 정신이 팔려 화장지를 채워 넣지 못했을 수 있습니다. 회의가 끝나고 손님을 배웅하느라 다음 사용자가 오기 전에 미처 정리하지 못했을 수도 있습니다. 이렇게 대부분의 사람들은 자신의 입장에서만 상황을 바라봅니다. 상대를 이해하려면 바로 그 상황을 경험해야 합니다. 이럴 때 역지사지를 발휘해야 하는 것이죠.

조금만 관심을 가지면 나를 더 잘 표현할 수 있다

'매일 열심히 일하고 있는데 나의 성과, 능력은 왜 알아주지 않는 것일까?' 하는 생각은 나의 기준에서 바라보는 것일 수 있습니다. 회사에서 평소 얼마나 관심을 갖고 자신에게 주어진 일에 임하고 있는지는 말 한마디의 차이에서 드러납니다.

팀장　"2부 복사해 주세요."

나　"네, 알겠습니다."

팀장 "OO건 어느 정도 진행되었나요?"

나 "네, 거의 다 되었습니다."

대부분의 사람들은 상대의 요청에 위와 같이 대답합니다. 필요한 부수만큼 복사만 하면 된다 생각할 수도 있고, 특별히 체크할 사항이 없을 수도 있습니다. 하지만 똑같은 질문이라도 조금만 관심을 기울인다면 이렇게 답할 수도 있습니다.

팀장 "2부 복사해 주세요."

나 "지난번처럼 부수별로 묶어서 드릴까요?" /

"이것도 양면으로 복사해 드릴까요?"

팀장 "OO건 어느 정도 진행되었나요?"

나 "지금 여기까지 진행되었고, 이것만 마무리하면 됩니다." /

"지금 초안은 다 작성되었고, 마지막 확인 중입니다."

요청을 받고 상대가 필요한 것을 조금 더 정확하게 준비할 수 있도록 확인 차원에서 질문을 하거나 상황을 구체적으로 설명해 주는 것입니다. 한마디 덧붙이는 것만으로도 업무 내용을 인지하고 있다는 것, 상대방과 나의 업무에 관심이 있다는 것을 알릴 수 있죠.

상호 생산성을 높이는 대화 습관

좋은 대답의 공식 1. 대답 + 확인

상대의 말을 들은 대로 반복하는 것만으로도 정확하게 상대의 말을 경청하고 이해했다는 의미를 함께 담을 수 있습니다.

> **팀장** "기획서 작성해서 내일까지 보내주세요."
>
> **나** "네, 기획서 내일까지 보내 드리겠습니다."

좋은 대답의 공식 2. 대답 + 자신의 의견 제시

> **팀장** "다음 달 기획전 보고서 지금 볼 수 있을까요?"
>
> **나** "네, 이번엔 지난 기획전보다 고객층을 세분화해 보았습니다."

보고서를 읽으면서 알 수 있는 사항일 수도 있지만, 한마디만 덧붙여도 이해도를 높여주고, 보고자의 생각을 함께 전할 수 있습니다. 대화를 조금 더 선명하게 만들려면 이 두 가지 공식에 '숫자'만 추가하면 됩니다.

> **팀장** "실적 보고서는 언제쯤 볼 수 있을까요?"
>
> **나** "내일 오후 3시쯤 가능할 것 같은데 괜찮을까요?" / "현재 결론 파트 작성 중이라 금일 6시까지 가능할 것 같습니다."

숫자와 함께 전달하면 상대방은 객관적이고 직관적으로 내용을 받아들입니다. 이처럼 정확한 표현 하나만 추가해도 나의 업무 집중도를 보여줄 수 있습니다.

수동적으로 상대의 요청에 따라 그것만 하는 것은 요즘의 인공지능 기술로 버튼만 누르면 할 수 있는 일입니다. 상대가 원하는 것을 다시 한번 생각하고 정확하게 확인하는 것이 바로 요즘 같은 시대에 자신을 확실히 드러내는 행동입니다.

빠른 감사의 표현이 나를 달라보이게 만든다

이메일로 도착한 타부서의 문서를 열어보니 정리가 잘 되어 있습니다. 참고하여 업무를 할 때 누군가는 별생각 없이 혹은 정리해 주는 것은 너무나 당연한 일이라 생각하고 바로 일을 진행합니다. 하지만 또 다른 누군가는 이렇게 회신을 먼저 합니다.

> "상세한 설명과 함께 정리해 주셔서 업무에 많은 도움이 될 것 같습니다. 감사합니다!"

누군가의 도움을 받았을 때는 즉시 마음을 전해야 합니다. 물론 제시간에 업무를 처리하기 위해서는 모두 바쁩니다. 하지만 확인 회신과 함께 감사의 메시지를 보내는 데 1분도 걸리지 않습니다. 1분으로 상대의 노고를 인정함과 동시에 나 또한 인정받는 사람이 되는 것입니다. 이는 곧 당신의 업무 생산성에도 직결됩니다.

존경받는 사람들은 우선 상대를 먼저 존중합니다. 다른 사람의 시선을 의식하거나 보여주기식이 아니라 평소 습관이 그런 경우가 많습니다. 또, 상대의 지위나 겉모습에 따라 다른 행동을 보이지도 않습니다. 상황에 맞는 격식을 갖추고, 누구나 공평하게 대합니다. 평소 습관이 그 사람의 가치를 보여주는 것입니다. 감사의 표현은 존중의 시작입니다. 표현하는 것만으로 평소 타인이 한 번 더 나를 살펴볼 수 있게 하는 계기를 마련할 수 있습니다.

나를 알아보게 하는 최고의 습관: 칭찬

누구나 인정받고 싶은 욕구가 있지만 인색한 주변 사람들로 인해 칭찬에 목마릅니다. 하지만 모든 욕구는 셀프 충전이 먼저입니다. 나 자신을 먼저 칭찬해 주세요. 그러면 타인에 대한 관대한 마음이 생기고 자연스럽게 다른 사람에게도 긍정적인 피드백을 하게 됩니다. 본인이 칭찬을 받고 싶다면 타인을 칭찬하는 데 익숙해져야 합니다.

긍정적 피드백은 관계뿐만 아니라 분위기에서도 윤활유 역할을 합니다. 물론 진정성이 느껴져야겠죠. 입바른 소리처럼 영혼 없는 칭찬은 오히려 사막을 걷는 듯한 갈증을 불러일으킵니다. 칭찬은 남을 위한 것이 아닌 나를 위한 것입니다.

상대의 마음을
읽는다는 것의 의미

다른 사람이 필요한 것을 적시에 전달해 주거나 항상 좋은 타이밍에 보고하고, 사람들의 기분을 잘 맞춰주는 사람이 있습니다. 굳이 나의 상황이나 마음을 말로 다 표현하지 않아도 다 아는 것 같습니다. 타고나기를 사람들의 분위기나 상황을 세심하게 살피는 성향일 수도 있지만, 이들은 시간과 노력을 들인다는 공통점이 있습니다.

상대의 마음을 읽는다는 것은 독심술사처럼 그들이 어떤 생각을 하고 판단하는지 알아내는 것이 아닙니다. 바로 상대방에 대한 관심에서 시작되는 것입니다. 일반적으로 사람은 태도, 표정, 화법, 어조, 평소 상대가 자주 사용하는 단어, 질문 등 다양한 요소를 통해 심리를 드러냅니다. 무의식적으로 몸이 반응하는 것이죠.

하지만 사람이 항상 한결같을 수는 없습니다. 바쁜 와중에 한 사람 한 사람에게 주의를 기울이는 것도 어렵습니다. 되려 눈치보는 사람으로 비춰질 수도 있습니다. 어떻게 해야 할까요?

상대방의 마음을 모르겠으면 물어보자

한 가지만 기억하면 됩니다. 우리는 당당하게 상대의 마음을 물어 볼 권리가 있다는 점입니다. 궁금한 사항이 있으면 질문을 하듯이, 상대의 상황이나 감정 상태에도 질문을 던져 보면 됩니다.

점심 이후, 티타임을 가진다고 가정하고 예를 들어 보겠습니다.

1단계. 상황 자체에 대해 질문하기

"아메리카노 좋아하세요?"

2단계. 추천해 보기

"요즘 청포도 시즌인데, 이 주스는 어떠세요?"

3단계. 상대에게 나의 이야기 전하기

"저도 아메리카노 좋아하는데, 이런 데 와서라도 과일 섭취를 해야
할 것 같더라고요."

1단계와 2단계를 통해 평소 상대가 좋아하는 음료를 알아볼 수 있고, 3단계를 통해서는 자신의 생각과 공감할 수 있는 포인트를 전달합니다. 만약 업무 중에 질문을 던져 본다면 어떻게 해볼 수 있을까요?

보고서를 작성하여 상사에게 제출할 때를 가정하고 적용해 보겠습니다.

1단계. 상황 자체에 대해 질문하기

"OO에 대한 보고서입니다. 표 형식으로 정리해 보았는데 어떠한지 검토 부탁드려도 될까요?"

2단계. 추천해 보기

"이걸 다른 그래프로 표현해 볼까도 했는데 어떤 게 더 좋을까요?"

3단계. 상대에게 나의 이야기 전하기

"지난번에 말씀해 주신 사항이 작성하는 데 많은 도움이 되었습니다."

1단계와 2단계를 통해 업무에 대한 피드백도 받을 수 있지만, 상사가 어떻게 생각하는지를 들어볼 수 있고 3단계를 통해 상대의 기분을 좋게 해 주면서도 감사의 마음을 전할 수 있게 됩니다. 이 3단계는 결론을 먼저 말하는 대화법을 활용한 것입니다. 고로 보고를 할 때는 이렇게 적용해 볼 수 있습니다. 상사가 보고 사항을 듣던 중 말을 자르고 "그래서 결론이 뭐예요?"라고 한다면 '결론'이 아직 들리지 않았다는 것입니다. 상대의 마음을 읽기 위해서는 핵심 사항, 즉 결론을 가지고 먼저 이야기 나누는 것이 중요합니다.

앞서 카페에서 음료에 관한 이야기로 시작하는 것도, 상대가 선택한 결론에 대해 질문한 것이고, 보고서 관련 문의를 할 때도 현재까지의 결론을 먼저 이야기해야 합니다. 상대의 마음을 알기 위해서는 지레짐작하는 데 시간을 소모하기보다 '지금 어떻게 느끼는지'를 먼저 질문해 보는 것은 어떨까요? 질문으로 서로의 생각을 알아가다 보면 비슷한 상황이 왔을 때 상대가 선호하는 방식으로 먼저 배려할 수도 있죠.

이는 곧 함께 일하는 상사, 동료들의 생각과 패턴을 알게 해주고 서로에게 불필요한 에너지 소모를 줄여 일의 효율을 높이고 성과를 낼 수 있게 해줍니다.

성과 내는 일습관

회사에서 따지지 말아야 할 것: 나이

이직 후, 만나는 직원들의 나이가 자신보다 어리지만, 그들은 회사 전반에 대한 스토리, 문화에 대해 더 잘 알고 있는 사람들입니다. 경력이나 업무 경험이 그들보다 많다 하더라도 새로운 조직에서는 기존의 사람들을 통해 배워야만 빠르게 적응하고 자신의 능력도 발휘할 수 있게 됩니다. 사람은 자신이 존중받는 만큼 내어줍니다. 먼저 입사한 사람이라면 일단 선배로 존중하고 배우려는 자세를 보인다면 본인도 더 존중받을 수 있을 것입니다.

업무력을 높이는 핵심 습관

- 소통하기 적절한 타이밍을 묻고, 협의하라.

- 소통 경로는 여러 사람을 거치지 않게 줄이고,
  내용 그대로 전달하라.

- 소통을 할 때는 듣는 이의 입장과 말하는 사람의 의도를
  고려하라.

- 거절하거나 동의하지 않을 때는 미리 대안이나 근거를
  마련하라.

- 지금 당장의 감사표현, 한 번의 관심표현으로 상대방에게
  좋은 이미지를 줄 수 있다.

- 상대방의 생각을 들을 수 있는 기회를 만들어라.

감정과 이미지를
컨트롤 하는 방법

표정은 커튼 없는 마음의 창

일상생활에서 우리는 그 사람의 표정, 눈빛만 봐도 내 이야기를 경청하고 있는지, 다른 생각을 하고 있는지 알 수 있습니다. 회사에서는 매일 아침 출근할 때 표정과 인사말에서 그 사람의 컨디션을 확인할 수 있죠. 사람들의 심리가 표정으로 잘 드러나기 때문입니다.

우리 주변에는 다양한 표정의 사람들이 있습니다. 미간에 주름이가 있는 사람, 늘 무표정이라 속을 알 수 없는 사람. 이들을 보고 우리는 웃을 일보다는 얼굴 찌푸릴 일이 많았던 사람, 평소 자신의 감정을 솔직하게 표현하는 데 서툰 사람이라 생각하기도 합니다.

반면에 항상 웃는 얼굴을 하는 사람들도 있습니다. 물론 일부는 속을 감추고 겉으로 밝은 모습을 연출하는 사람도 있을 수 있지만, 이유 불문하고 표정이 밝은 사람이 대개 인기가 좋은 것은 확실합니다.

상사에게 중요한 보고를 해야 할 때 우리는 눈치를 살핍니다. 상사의 기분, 컨디션이 어떠한지, 지금 보고를 해도 괜찮을 타이밍인지 보는 것이죠. 이때 우리가 상황을 파악할 수 있는 실마리도 바로 그들의 표정입니다. 만약 상사도 그의 상급자에게 보고한 이후라면 더욱 분위기가 어떤지 확인해야 합니다.

어디서나 환영받는 밝은 얼굴도 습관이다

한결같이 미소를 유지하는 사람들도 있습니다. 그들에게는 좋은 일만 있는 것일까요? 표정관리를 한다는 것은 내면을 다스린다는 의미이기도 합니다. 저에게 취업 컨설팅을 받은 G 씨와 만나 회사 생활에 관해 이야기를 듣던 중 반가운 소식을 들었습니다. G 씨는 실수도 많이 하고 상사에게 꾸지람을 많이 받아서 상사가 본인을 좋아하지 않을 것이라고 생각했습니다. 그래서 수습 기간이 종료되면 재계약이 되지 않을 것이라 예상했습니다. 하지만 수습 기간 종료 후 재계약을 하게 됐고, 동료들을 통해 반대의 결과를 듣게 되었습니다.

"G 님은 늘 밝아서 너무 좋다고 하셨어요."
"실장님이 G 님 엄청 칭찬하시던데요."

실수는 많이 했지만 어떻게 이런 긍정적인 피드백을 듣게 된 것일까요? G 씨가 본인 특유의 밝은 모습을 유지했기 때문이라고 생각합니다. 또 G 씨는 실수를 하더라도 바로 실수를 인정하고, 업무에 집중하려 노력했다고 합니다.

보통 상사에게 좋지 않은 소리를 듣고 나면 표현하고 싶지 않아도 표정으로 드러나기 마련입니다. 하지만 G 씨는 자신을 위한 말이라 생각하고 같은 실수를 반복하지 않아야겠다 생각했다고 합니다.

일은 차차 배워 나가면서 익숙해지면 되지만, 평소 마음가짐에서 나오는 행동은 억지로 만들기 어렵다는 것을 회사도 알고 있습니다. 이를 긍정적으로 보고 G 씨를 정규직으로 전환한 것입니다.

얼굴이 마음의 창이라면 표정은 커튼 없는 마음의 창이라고 할 수 있습니다. 물론 매번 상대의 표정이 감정 상태와 동일하지는 않으므로 함부로 단정 지어서 판단하는 것은 위험합니다. 하지만 대부분의 사람들은 이를 알면서도 자신의 기준으로 판단해버리기 때문에 감정이 다 드러나는 표정으로 상대에게 의도치 않은 오해를 사는 일은 없도록 하는 것이 좋습니다. 표정은 타인에게 쉽게 보여지므로 기분을 그대로 드러내기보다는 상황에 맞게 관리가 필요합니다.

표정 하나로 상대방을 도와줄 수도 있다

최근 실적이 좋지 않아 회의할 때마다 기분이 좋지 않은 H 부장은 함께 일하는 K 대리를 보며 한마디 합니다.

"아휴, 그래도 K 대리 때문에 제가 좀 웃네요."

이유인즉슨 매번 회의하고 나오면 감정이 좋지 않은 방향으로 흘러가려 하는데, 항상 웃으면서 일하고 말하는 K 대리의 모습을 보면 안 좋았던 기분이 사그라든다는 것입니다.

표정에는 거울 효과가 작용하기 때문에 웃고 있는 사람을 보면 보는 사람도 자연스럽게 웃게 되고 기분이 좋아집니다. 단, 혼자 기분이 업 되어서 신나있다가는 눈치 없는 직원이 될 수 있으니, 상대의 감정도 공감하되 밝은 미소로 부정적인 감정의 우물 속에서 나오게 도와주어야 합니다.

밝은 표정은 그 자체만으로도 좋은 에너지를 만들어 냅니다. 가만히 있다가 입꼬리만 올려도 미세한 감정의 변화가 생기는 것을 느낄 수 있습니다. 지금 바로 입꼬리를 올려보세요. 직장 내에서 매일 같이 업무를 하면서 일에만 집중하여 스트레스를 받는 것보다는 함께 웃으면서 기분 좋게 하는 것이 낫지 않을까요?

웃는 얼굴이
가지는 다양한 의미

● ● ●

비즈니스 상황에서는 웃음을 주의하라

> "제인, 그렇게 웃지 마."

통화를 끊자마자 상사에게 한 소리 들었습니다. 웃으면서 이야기 했기 때문입니다. 전화 매너 중 하나가 밝은 목소리로 웃으면서 대화하는 것인데 무엇이 잘못된 걸까요? 통화할 때 너무 웃으며 대화하는 것은 전문성이 결여되어 보이고 오히려 신뢰감을 떨어뜨릴 수 있다는 지적이었습니다. 특히 전화는 얼굴을 보지 않는 상황에서 목소리만으로 상대에게 이미지가 전달되기 때문에 상황과 상대에 따라 주의가 필요하다는 뜻입니다.

항상 밝은 표정인 사람들 중에는 가만히 있어도 입꼬리가 올라가 있는 경우가 있습니다. 이는 평소 사람들에게 편안한 인상으로 보일 수 있지만 심각한 상황에서는 분위기 파악 못하는 사람으로 오해받을 수 있겠죠.

회사에서 큰 회의 이후 참석한 임원들이 나누는 이야기를 들어보면 회의 내용 외에도 상대방의 표정을 언급하기도 합니다. 특히 투자나 B2B 계약 같은 중요한 비즈니스 미팅에서는 표정 하나에서도 상대의 심리를 읽고, 이를 이용하는 경우가 많습니다. 그러니 본인이 주도하는 미팅이 아니더라도 동참했다면 표정에 주의하는 것이 좋습니다.

프로가 웃음을 활용하는 법

사람들은 웃음과 친절을 혼동하기도 합니다. 상냥하고 친절하게 말하는 것과 웃으면서 말하는 것이 동일하다고 생각하는 것이죠. 이와 같은 상황은 회사뿐만 아니라 일상생활 속에서도 쉽게 접할 수 있습니다. 통화하거나 직접 만나 대화를 할 때 상대가 계속 크게 웃으면서 대답을 한다면 어떤 생각이 들까요? 내 이야기를 귀담아듣고 있는 것인지, 그냥 흘려듣고 있는 것은 아닌지 생각해 보게 됩니다.

웃는 얼굴이 환영받는 것은 사실이지만, 무분별한 웃음은 오히려 가벼워 보이는 역효과를 냅니다. 스스로 신뢰감을 떨어뜨릴 수도 있습니다. 프로다운 모습을 보여주기 위해서는 적절한 상황판단을 해야 합니다. 이와 함께 상대의 웃음에서도 친절을 구분해낼 줄 알아야 합니다. 꼭 소리 내는 웃음이 아니어도 친절한 표정에서 나오는 어조는 그 자체만으로도 상대를 편안하게 만들 수 있습니다.

이 외에도 순간적인 표정 변화로 인해 상대에게 보여서는 안 되는 패를 보이게 되는 때가 있습니다. 비서로 사회생활을 하면서 가장 난감했던 상황은 직원들이 중요한 정보를 얻고자 질문할 때와 감정 기복이 있는 사람을 대할 때였습니다. 이때도 상대의 반응에 따른 표정관리가 필요합니다. 기밀 정보를 알아도 모르는 척 응대해야 하는데, 자칫 방심했다가는 속내가 그대로 드러나게 되니까요. 프로는 상황에 맞는 표정으로 시시각각 바꿉니다. 표정은 마음 상태를 표현하는 커뮤니케이션 수단 중 하나입니다. 전문성을 보이고 신뢰를 유지하기 위해서는 마음과 표정 모두 잘 관리해야 합니다.

사소한 행동이
이미지를 결정한다

- - -

A 과장   매일 아침, 급한 일이 있는 것처럼 늘 허겁지겁 사무실에
         들어와 바로 모니터를 켜고 일을 시작한다.

W 대리   점심 시간에도 늘 휴대전화를 보며 식사한다.

K 대리   아침 출근 전 티타임을 즐기며 전날 있었던 일이나, 그날
         새로운 뉴스와 함께 사람들과 이야기를 나눈다.

세 사람의 모습을 보며 떠오르는 동료가 있나요? 그들은 평소 어떤 성향을 가진 사람일 것 같나요? 함께 일하는 사람들도 살펴보면 각각의 특징이 있습니다. 친절한 사람, 바쁜 사람, 항상 일찍 와서 기다리는 사람, 부지런한 사람 등. 우리는 보여지는 모습을 통해 상대가 어떤 사람이라고 인식합니다. 이는 반대로 나의 행동도 다른 사람들에게는 어떤 인식을 갖게 만든다는 의미이기도 합니다. 개인의 이미지는 대부분 시각적으로 보여지는 행동과 청각적

인 목소리 톤, 주로 사용하는 단어 등의 습관을 통해 형성됩니다.

주변에서 내게 하는 말은 발전의 기회다

퇴근 시간이 7시인 회사에서 근무하고 있던 때의 일입니다. 사무
실에서 업무를 보던 중 외부 고객사 직원이 전화로 인사말을 건네
왔습니다.

> "늘 늦게까지 계시는 것 같아서 혹시나 해서 연락 드렸는데, 역시나
> 계시네요."

처음에는 다른 회사는 일반적으로 6시 퇴근이라 7시에 전화 받는
것이 이런 인식을 심어주게 되었다고 생각했는데, 시계를 보는 순
간 그것이 아닐 수도 있겠다는 생각이 들었습니다. 시간은 8시가
넘었고 그와 평소 이메일을 주고받는 시간대는 업무 외 시간일 때
가 많았던 것입니다.

물론 외부에서 이메일을 확인하고 보냈던 적도 있었지만, 다른 사
람의 눈에는 정해져 있는 시간 외에도 계속 일을 하고 있는 사람
처럼 보였을 수도 있겠다는 생각이 들었습니다.

현재 자신이 어떤 사람으로 인식되고 있는지 알고 싶다면 주로 듣
게 되는 말들을 떠올려보면 됩니다.

> "어제 퇴근하고 뭐했어요?"

"매일 아침에 나와서 뭐 하세요?"

"일을 너무 완벽하게 하려고 하는 거 아니에요?"

"늘 바쁘신 것 같아요."

자신에게 들리는 말들에 대해 심각하게 받아들이고 고민해 보라는 의미가 아닙니다. 어떤 행동, 모습들을 보고 그런 생각을 심어 주게 되었는지를 생각해 보고, 자신이 더 발전시키거나 보완해야 하는 부분은 없는지 판단해 보라는 것입니다.

작은 행동들이 모여서 큰 이미지를 만든다

한 가지 에피소드를 통해 그 사람의 이미지가 만들어지기도 하지만, 직장 내에서는 매일 함께 하는 사람들에게 보여지는 습관들에 의해 개인의 캐릭터가 완성됩니다. 크든 작든 우리가 하는 모든 행동은 개인의 이야기를 만듭니다.

늘 타인을 배려하면서 살고 있는지, 매사에 능동적인지 수동적인지, 크게 티는 나지 않지만 뒤에서 남을 위해 노력하는 사람인지 등 굳이 보여지려고 노력하지 않아도 자연스럽게 전달됩니다. 자신이 다른 사람들에게 보여주고 싶은 이미지가 있다면 아주 작은 것부터 실행하면 됩니다.

성실하고 일 잘하는 사람도 주변의 구설에 휘말려 상처를 받는 경우가 있습니다. 하지만 평소 행실이 그 사람에 대한 이미지를 계속 변호하기 때문에 언젠가 진실은 밝혀지게 되어있습니다. 주변의 말에 흔들리지 않고 자신만 바로 설 수 있으면 됩니다.

조직 내에서 형성되는 이미지는 이후 본인과 관련된 모든 일에 영향을 줍니다. 같은 실수를 하더라도 누군가는 가볍게 넘어갈 수 있지만, 다른 누군가는 조금 더 혼이 날 수도 있습니다. 사소한 행동은 순간의 점이 될 수 있지만, 그것은 곧 하나의 연결된 선이 되고 큰 이미지를 만들게 됩니다.

이미지를 결정하는 대표적인 요소: 목소리

보통 전화 통화 시, 상대의 반응에 대해 '이 회사는 도대체 왜 이래?'라고 먼저 생각하는 경우보다는 '이 사람 무슨 일 있나?', '불쾌하네.' 혹은 '되게 친절하다.'라며 개인에 대해 생각을 하게 되죠. 물론 회사에서는 이런 개인의 사례가 여러 번 겹치다 보면 회사의 이미지가 됩니다. '그 회사 사람들은 ~더라.'라고 말이죠.

음식점 예약을 위해 전화를 걸었더니 직원의 목소리에 힘이 없다면, '일이 하기 싫은가?'라는 생각과 함께 특별한 문의도 아닌데 괜히 전화한 것 같아 민망해질 때가 있습니다.

우리의 평소 목소리, 화법 등은 개인의 이미지를 완성시켜주는 요소입니다. 평소 목소리 톤, 어조에 따라 활기찬 사람, 힘이 없는 사람 등으로 인식되는 것이죠. 요즘 당신의 목소리는 어떠한가요?

감정이 올라올 때는
한 템포 쉬자

원치 않아도 감정적인 상황은 찾아온다

"내가 누군지 알아? 당장 H 변호사 바꿔!"

아침부터 울리는 전화를 받자마자 들은 첫 마디입니다. 당일 재판 결과가 좋지 않아 당장 담당 변호사와 이야기를 나누고 싶은데, 연락이 닿지 않아 감정이 격해져 있는 클라이언트입니다. 기분은 충분히 이해하지만, 한편으로 '이렇게 무례할 수 있나?'라는 생각도 들었습니다. 좋지 않은 말들을 듣고 있다 보니 황당하고 불쾌해졌습니다. 수화기 너머로 들리는 소리를 듣고 눈치챈 선배의 도움으로 이성을 찾고 감정적으로 대응하지 않을 수 있었습니다. 클라이언트가 안심할 수 있도록 현재 상황을 설명하고, 원하는 사항을 전달할 수 있는 시간을 약속하고 전화를 끊었습니다.

며칠 후 클라이언트가 사무실로 방문했습니다. 그는 제 자리로 다가오더니 재판 당일 너무 화가 나서 감정적으로 말을 함부로 한 것 같다며 사과의 선물을 주었습니다. 괜찮다고 이해한다고 했지만, 당시 올라오는 감정 그대로 대응하지 않아 정말 다행이었다는 생각도 들었습니다. 어차피 다시 만나야 하는 관계인데 감정적으로 좋지 않은 상황이었다면 불편했을 것입니다.

이후로도 이와 비슷한 상황들은 계속 있었습니다. 불만 고객의 갑작스러운 방문, 전화상으로 욕설을 쏟아내는 상황까지. 이와 유사한 상황은 사내에서도 있습니다. 무시하는 발언을 농담처럼 하거나, 무례한 행동을 보이는 직원 등 그때마다 당황스러웠고 좋지 않은 감정이 올라왔지만 한 템포 쉬면 차분하게 대응할 수 있습니다.

긴박한 상황은 판단을 마비시킨다

감정적인 상대에 맞설 방법은 다양합니다. 하지만 일단 상대가 감정적으로 나올 때는 아무것도 생각나지 않습니다. '도대체 왜 이러는 거지?' 하는 생각이 먼저 드는 게 자연스럽습니다.

감정적인 상황에서는 객관적인 판단을 내리기도 어렵습니다. 무조건 상대의 요구를 들어주는 것도 감정적인 대응이 될 수 있습니다. 상대의 감정에 호응하지 않는다고 냉정한 것이 아닙니다. 감정에 치우치지 않고 현명한 결론을 얻기 위해서는 필요한 일입니다.

상대가 감정적으로 나온다면 우선 숨을 깊게 들이마시고 대화의 템포를 한 번 쉬어가세요. 침묵이 약이 되는 순간이 바로 이때입니다. 가능한 한 상황을 객관적으로 보고 바로 해결할 수 있는 상황인지 아닌지 판단하여 상대에게 대안을 제시합니다. 나의 쉼표 한 번이 상대의 감정도 쉬어갈 수 있게 해줍니다.

야외에 있다면 하늘을 잠시 바라보는 것도 좋습니다. 머리 위 하늘이 아니어도, 먼 산 보듯 멍하니 하늘을 바라보는 것입니다. 한 번의 숨으로 감정이 가라앉지 않는다면 물 한 컵 마시며 여러 번 숨을 고르도록 해보세요. 내 감정이 어느 정도 가라앉아야 상대의 상황이 더욱 객관적으로 보이고 공감도 할 수 있습니다.

남의 감정 말고 나의 감정 챙기기

감정은 타인뿐만 아니라 상황에 따라서도 영향을 받습니다. 아침에 기분이 좋았지만, 저녁이 되면 우울해질 수 있습니다. 감정의 변화가 생긴다는 것은 살아있다는 증거입니다. 하지만 우선 한 템포 쉬어가라는 신호이기도 합니다.

매사를 이성적으로 판단하고 해결할 수 있으면 좋겠지만 인간은 감정이 있는 동물이기 때문에 일상은 감정 변화로 가득합니다. 감정의 요동 속에서도 발생하는 문제를 경험하고 해결해 나가야 하는 것이 일생의 숙제입니다. 감정의 변화는 자연스럽게 받아들이되, 타인의 감정을 신경 쓰느라 내 에너지를 소진하지 말고 내 감정을 먼저 챙겨주며 휴식 시간을 가져 보세요.

관계 속 감정을 다스리는 세 가지 습관

감정의 변화가 느껴질 때는 하던 일을 멈추고, 행동의 변화를 주세요.

• 물 마시기

책상 위에 놓여 있는 컵이나 텀블러를 들고 정수기로 걸어가세요. 찬물보다는 미온수가 좋습니다. 감정의 변화로 긴장하던 몸속 장기들이 따뜻하게 데워지면서 마음도 편안해지는 것을 느낄 수 있을 것입니다.

• 양치하기

아침에 일어나자마자 잠을 깨워주는 강력한 한방이기도 합니다. 입안이 개운해지면서 기분도 상쾌하게 전환될 수 있습니다.(단, 너무 자주 하면 이가 닳을 수 있으니 이것만 주의)

• 회사 밖 한 바퀴 돌기

잠시 밖으로 나와 바깥 공기를 마셔 보세요. 멀리 가기엔 눈치 보일 수 있으니, 회사 건물을 한 바퀴를 돌거나, 한 블록 정도 걸어 보세요. 걷는 동안은 발걸음에 집중해도 좋고, 주변을 둘러보거나 사무실에 있느라 보지 못했던 하늘을 봐도 좋습니다.

감정을 풀 수 있는
수단을 만들어라

감정을 컨트롤하기 힘든 것은 모든 감정을 내면에 담고 있기 때문입니다. 감정이 쌓일수록 병이 된다는 것은 누구나 아는 사실입니다. 회사에서는 상사와 주변 사람들의 눈치를 보느라 감정 표현이 자유롭지 않고, 친구나 주변 사람들에게 힘들다고 이야기하는 것도 한두 번이지 투정으로 비춰질 것 같아 점점 감정을 안으로 가두게 됩니다.

가장 좋지 않은 것은 스트레스가 쌓이는 것 자체를 느끼지 못하는 것입니다. 감정 표현을 하지 않는 것이 익숙해져 버리면 아무 일 없는 것처럼 지내는 게 괜찮은 것이라 생각하게 됩니다. 많은 이들이 자신의 진짜 감정을 제대로 들여다보지 못하고 관리의 어려움을 호소하고 있습니다.

사람들은 스트레스를 풀기 위해 음주도 하고, 노래방에 가서 소리도 마음껏 지르고, 춤을 추기도 합니다. 운동하며 푸는 사람도 있고, 잠을 푹 자는 사람도 있습니다. 저마다 스트레스를 푸는 방식이 다양하지만, 그래도 풀리지 않는 경우가 있습니다. 왜 그런 것일까요? 대개 자신도 모르게 계속 스트레스를 일으키는 생각을 하고 있기 때문입니다. 잊어야지 하면 할수록 더욱 기억하게 되는 것처럼요.

스트레스가 접수되면 일단 정지하라

좋지 않은 감정이 쌓이다 보면 자신도 모르게 판단도 행동도 감정적으로 하게 될 수 있습니다. 이때는 아무리 객관적으로 상황을 보려 해도 초점이 흔들릴 수 있습니다. 너무 일만 해도 무의식중에는 스트레스가 쌓이게 됩니다. 육체적 피로도가 높아지지만 드러나는 현상이 없어 괜찮다고 생각하는 이들이 많습니다. 우리에겐 '일시 정지' 버튼이 필요합니다. 인풋만 하던 자신에게 아웃풋 할 시간을 주세요.

운동으로 몸과 마음 한 번에 지키기

저도 스트레스를 인지하지 못한 채 생활하다 번아웃을 경험한 적이 있습니다. 자만했던 것이죠. 하지만 더 늦기 전에 관리해야겠다고 생각했습니다. 감정의 정체와 부정적 요소를 빼기 위해서는 몸속 노폐물부터 제거해야겠다는 생각으로 운동을 시작했습니다. 근육들과 몸의 움직임에 집중하며 운동한 날에는 편안한 저녁 시간을 보내고 다음 날도 즐겁게 시작할 수 있었습니다. 하지만 많은 생각을 하며 운동에 임했을 때는 개운하지 않고 더 힘이 드는 기분이었습니다. 운동의 효과를 제대로 보려면 운동을 할 때는 온전히 내 몸의 움직임에 집중하는 것이 좋습니다.

독서하며 머리와 마음 동시에 정화하기

매일 운동을 할 수 있으면 좋겠지만, 가끔은 그마저도 하고 싶지 않은 날이 있습니다. 머릿속을 채운 고민에 대한 해결책도 찾고 싶었습니다. 그래서 선택한 것이 바로 책입니다. 주변에 조언을 구하는 것도 좋지만 모든 사람들이 나와 같은 상황을 맞이하는 것도 아니고, 같은 고민을 반복해서 묻는 것도 서로에게 비효율적이기에 스스로 답을 찾아야겠다고 생각했습니다.

책은 마음을 가라앉히는 것뿐만 아니라, 접하지 못한 상황들을 경험하게 해주고, 다양한 상황을 해석하는 힘을 길러줍니다. 현재 가지고 있는 문제를 해결할 실마리를 제공해 주기도 합니다. 처음에는 서점에 가서 책을 선택하기가 쉽지 않았습니다. 하지만 책을 읽을수록 어떤 책을 봐야 하는지 알 수 있게 됐고 이제 답이 필요할 때는 책에서 얻으려고 하는 편입니다. 물론 모든 답을 책이 이야기해 주지는 않지만, 한 가지 확실한 것은 마음을 편안하게 해준다는 것입니다.

감정일기로
마음 배출하기

앞에서 설명한 방법 중 아무것도 하고 싶지 않은 날도 있죠. 운동
할 힘도 없고 책을 읽어도 머릿속에 들어오지도 않는 날이 있습니
다. 누군가에게 말하지는 못하겠고, 또 혼자 끙끙 앓고 있자니 답
답할 때가 있죠. 저는 처음 혼자 떠났던 여행지에서 처음으로 마음
속 이야기를 두서없이 연습장에 써 내려 갔는데 굉장히 후련했습
니다.

저는 이것을 '감정일기'라 부르고 있습니다. 감정일기를 쓰다 보면
어느새 마음 정리가 됩니다. 머릿속 생각들이 정리되고 자신이 왜
그러한 감정을 느끼고 있는지 명확해지죠. 지금도 종종 마음이 너
무 힘들어질 때면 글을 쓰고 있습니다.

요즘 현대인들은 처음 본 사람들과 서로의 마음에 관해 이야기를
하며 서로 공감하고 위안을 받는다고 합니다. 어차피 언제 다시 볼
지 모르는 사람이고, 자신의 일과 관련이 없는 대상이라 생각하기

때문이라고 합니다. 마땅한 대상이 없어도 같은 효과를 낼 수 있습니다. 중요한 건 감정을 표현해서 밖으로 배출해 내는 것이니까요. 마음이 힘들다는 것, 감정적으로 동요한다는 것은 심적 스트레스가 관리되지 않는다는 의미입니다. 울고 싶을 땐 울어야 하고 화내고 싶을 땐 화를 내야 합니다.

적절하게 자신의 마음을 풀어놓을 수 있는 수단을 찾아야 합니다. 그리고 가급적이면 즐길 수 있는 것이어야 합니다. 운동을 하든, 독서를 하든, 일기를 작성하든, 무엇이든 괜찮습니다. 즐기면서 꾸준히 할 수 있고, 하고 나면 마음이 편안해지는 것을 찾아보세요.

내면의 안정은 곧 외면의 안정으로도 이어집니다. 주변에서 편안해 보인다고 말하고, 좋은 일 있는지 물어볼 때는 대개 마음이 안정되어있을 때입니다. 그럴 때는 일도 왠지 더 잘 되는 기분이죠. 자신의 감정을 다스릴 수 있는 사람은 모든 상황을 자신에게 좋은 방향으로 움직일 수 있습니다.

성과 내는 일습관

마음을 고요하게 만드는 습관: 감정 메모

생각이 복잡하거나 마음이 좋지 않을 때는 펜을 들고 그 순간에 간단하게 떠오르는 것들을 적어 내려갑니다. 잘 쓰려고 할 필요도 없고 앞뒤 문맥이 맞을 필요도 없습니다. 오타가 나도 괜찮습니다. 그냥 마음을 글로 옮기는 것에만 집중하면 됩니다.

- 준비물
  - 혼자 보는 수첩이나 작은 메모지(포스트잇도 OK!)
  - 본인에게 그립감이 편한 펜
  - ※ 컴퓨터 또는 휴대전화 메모장도 괜찮아요!

- 작성 방법
  - 펜을 잡고 손끝에 감정을 실어 적기
  - 솔직하게 생각하는 대로 쓰기
  - 수정하지 않고 그냥 써 내려가기

- 보관 방법
  - 보관하려면 보안을 철저하게
  - 폐기하려면 존재도 알 수 없을 정도로 확실하게

훗날 일기장처럼 감정 메모를 들춰 보면 내 감정의 성숙도를 확인할 수도 있습니다. 하지만 부정적인 마음을 적은 노트를 폐기하고 싶다면 누구도 알아볼 수 없도록 확실하게 폐기해 주세요!

업무력을 높이는 핵심 습관

- 기분이 나쁘지 않다면 밝은 표정을 유지하라.

- 밝은 표정은 나와 상대방의 기분을 모두 좋아지게 만든다.

- 비즈니스 상황에서는 웃음을 주의하라.

- 나를 향한 주변의 반응이나 말들은 발전의 기회이니
  귀를 기울여라.

- 평소 자신이 하는 무의식적인 행동을 인지하고 컨트롤 하라.

- 불편한 감정이 올라올 때는 모든 것을 잠시 멈춰도 좋다.

- 감정을 해소할 수 있는 자신만의 방법을 하나라도
  만들어라.

- 감정일기로 지금 떠오르는 모든 감정을 적고, 배출하라.

5장
전문성을
높이는 습관

어차피 해답은 경험치

지금의 사소한 경험도
언젠가 꼭 다시 돌아온다

과정에서 얻은 것들은 살 수 없는 경험

모든 문서를 수기로 작성하는 상사와 함께 일한 적이 있습니다. 상사가 자필로 작성한 문서를 워드로 옮겨 적은 후 출력하여 다시 보여드리면 그 문서에 다시 수기로 수정표시를 해줍니다. 그럼 그 내용을 다시 편집하여 완성하는 작업을 했습니다. 당시에도 인터넷이 활성화되어 있었고, 대부분 회사에서는 컴퓨터로 문서를 작성하여 업무를 하던 때라 업무가 보수적이라 느껴졌지만, 상사가 수기로 작성하는 것이 생각을 더 잘 담는 유형일 것이라 생각하고 넘겼습니다.

이 경험은 뜻밖에도 시간이 흘러 이직을 위한 어느 기업 면접장에서 도움이 됐습니다. 영어 면접이라며 종이 한 장을 건네받았습니다. 구술 면접이 아니라 함께 일하게 될 상사가 직접 작성한 영문 레터를 읽는 것이었습니다. 필기체로 작성된 영문이 익숙했던 터라 보이는 대로 읽어 내려갔고 저는 합격했습니다.

이후 담당자에게 최종 면접 시 영어 필기체를 읽고 못 읽고의 차이가 합격 여부의 요인이었다는 말을 들었습니다. 결국, 이전에 자필 서류 업무를 하였던 것이 도움이 된 것입니다.

회사에 다니면서 하는 업무들은 어떤 성과를 내기 위한 것들이 많습니다. 눈에 보이는 실적이나 결과물일수록 무엇인가를 해낸 듯한 성취감을 느끼기 쉽습니다. 하지만 그 성과를 내기 위해서는 항상 부수적인 업무들이 따릅니다.

새로운 프로젝트 진행을 위해 발표를 한다고 하면, 관련 자료를 조사하고 다른 사람들과 회의도 진행합니다. 이러한 일련의 과정들이 모여 성과를 보여줄 수 있는 결과물이 만들어지는 것인데도 대부분의 사람은 결과를 보여줄 때만 자신이 무엇인가 이루었다 생각합니다. 실제로는 결과물을 내기 위한 과정에서 더 많은 것을 배우는데 말입니다.

지금의 경험은 언젠가 도움이 될 수 있습니다. 눈에 띄지는 않는 사소한 업무들도 언젠가 도움이 되는 것들이지요. 별거 아닌 일이라 쉽게 넘어가고 무시하던 일들이 나중에 쌓여서 큰 숙제로 다가올 때도 있습니다. 사소한 것이라도 간과하지 않고 언젠가 도움이 될 경험, 곧 다가올 상황에 대비를 위하여 배우는 과정이라고 생각하는 건 어떨까요?

누구나 처음인 순간은 있다

어떤 일을 시작할 때 처음이라는 생각에 두려움과 막막함이 느껴질 때가 있습니다. 해 본 적이 없기 때문에 어떻게 시작해야 하는지도 모르겠고, 잘하고는 싶은데 방법을 어디부터 찾아야 하는지 모르겠을 때가 있죠.

세상에 태어나 처음 두 발을 딛고 서게 된 순간이 있고, 첫발을 내디뎌 걸음을 걷게 된 순간이 있습니다. 처음 넘어져서 울음을 터트린 날도 있지요. 그날이 아마 넘어졌을 때의 아픔이 무엇인지 처음 알게 된 날일 수도 있겠네요.

이렇게 순간마다 처음을 경험하며 우리는 사회에 나왔습니다. 접하게 될 범위가 갑자기 넓어졌고, 그만큼 경험해 보지 못한 것에 걱정과 두려움을 느끼기도 합니다.

어느 날, 새로운 직무를 맡게 되었습니다. 시간이 지날수록 '이게 과연 나의 커리어에 도움이 되는 일일까?' 하는 생각이 들기도 하던 와중에 업무 관련 유관부서 사람들과 회의를 하게 됐습니다.

'한 번도 안 해 봤는데 할 수 있을까?'

회의 준비나 참관은 해 보았지만, 의견을 제안하거나 직접 주도해 본 적이 없었던 저는 회의를 소집한 후 어떻게 진행해야 할지 막막했습니다. 심지어 회의록을 작성해 본 적도 없어서 무슨 내용을 어떻게 써야 하는지도 몰랐습니다.

처음 맡게 되는 업무들은 항상 크게 느껴집니다. 심지어 예상하지 못했던 상황들이 눈앞에 닥치면 해결책을 찾기 바빠지죠. 이럴 때는 '누구나 처음은 있다'라는 사실을 생각해 보세요. 한 단계 성장할 수 있는 타이밍입니다. 새로운 기회가 찾아온 것이죠. 업무 범위가 확장될 수도 있고, 이력서 업무 역량에 한 줄이 추가 될 수 있는 경험이 되기도 합니다.

그리고 행동으로 이어질 수 있게 '일단 하고 보자.', '언젠가 도움이 되겠지.' 하고 생각하는 것입니다. 새로 접하고 배운 일들은 경력이 쌓일수록 다양한 상황에 도움이 됩니다. 점차 처음 하게 되는 일이라도 스스로 처리할 수 있는 일들이 많아집니다.

우리는 업무를 하면서 처음 시도하는 것들을 통해 다양한 정보를 얻습니다. 그로 인해 업무 역량이 강화되기도 하고요.

과정에 돌입하려면 도전해야 한다

'아무것도 하지 않으면 아무 일도 일어나지 않는다.'

다양한 시도해 보아야 그에 관한 결과를 알 수 있고, 상황별 대처법도 생겨납니다. 책에서 본 내용도 실제 생활에 적용하지 않으면 깨달음이 내 것이 되지 않습니다. 모든 상황은 실제로 겪었을 때 진짜 자신만의 자산이 됩니다. 그리고 결국은 그게 곧 강력한 무기로 활용되는 날이 오게 됩니다.

반복되는 일상을 벗어나서 하게 된 경험은 새로운 것을 해냈다는 성취감을 느끼게 해줍니다. 꼭 어떤 성공에서 얻은 결실이 아니더라도 '그래도 내가 해봤다!' 하는 성취감을 느끼다 보면 자신감이 생겨납니다. 자신감은 일상에 힘을 불어 넣어주고 자존감을 유지할 수 있게 해줍니다.

새로운 시도 앞에서 망설여지나요? 도전이 아닌 나만의 경험 자산을 쌓는다 생각해 보세요. 같은 경험이라도 당신만의 색이 입혀져 중요한 순간에 큰 힘을 발휘하게 해줄 것입니다.

안다고 생각하는 순간
멈추게 된다

보통 경력이 쌓일수록 아는 것이 많아야 한다는 압박을 느낍니다. 그러나 실제로는 아직도 모르는 게 많다는 것을 느낄 때가 많죠. 신기술을 접할 때도 그렇지만, 이미 있던 정보나 많은 사람들이 해오던 방식인데 본인만 모르고 있었다는 사실을 알게되면 '여태 나는 이것도 모른 채 일을 했던 것인가?' 하는 생각이 들기도 합니다. 지나가던 동료가 '이거 이렇게 하면 되는데?' 하면서 조금 더 쉬운 방법을 알려주면 고마우면서도 뒤처지는 느낌이 들기도 하죠.

일반적으로 살아가는 데 큰 불편함이 없으면, '지금도 괜찮아'라고 생각하며 매일 비슷한 일상을 살아갑니다. 일에서도 마찬가지입니다. 어려움이나 문제가 없다면 늘 하던 방식대로 일을 처리하게 됩니다. 간혹 이해가 되지 않는 부분이 있더라도 자신이 아는 선에서 해결하고 넘어가기도 합니다. 이렇게만 하면 더 나아지기 어렵습니다. 성장이 없는 것이죠. 성장의 길을 걷는 사람들은 현재 문제가 없어도, 부족함이 느껴지지 않아도 내가 아는 게 다가 아니라고 생각하며 계속 아는 것에 대한 경각심을 갖고 살아갑니다.

하지만 현실적으로 문제가 생기지 않으면 내가 모른다는 사실을 인지하는 것조차 쉽지 않죠. 그런데 모든 것을 다 아는 것에는 한계가 있습니다. 현재 나에게 필요하지만, 아직 잘 모르는 것을 인지해야 합니다. 크게 네 가지 방법이 있습니다.

① 단어나 용어의 의미를 정확하게 아는지 자문한다

어떤 용어나 기술을 접했을 때 용어의 사전적인 뜻이 정확하게 떠오르지 않으면 추가적인 학습이 필요하다는 의미입니다. 알고 있는 배경 지식에 보완이 필요하다는 신호인 것이죠.

② 더 쉬운 방법은 없을지 의문을 가져본다

현 상황에서 조금 더 나아지고자 하는 욕구는 새로운 방법에 대한 탐색을 불러옵니다. '역시 하던 대로가 더 빠르겠어' 하고 넘어간다면 성장할 부분을 발견하기는커녕 변화도 바라기 어렵겠죠. 더 나은 방법을 알아보겠다는 마음을 가져야 변화와 성장을 동시에 실현할 수 있습니다.

③ 결정이 쉽지 않을 때를 인지한다

선택의 순간에 정보가 부족하다면 확신이 서지 않습니다. 믿음을 줄 만한 근거가 없기 때문입니다. 새로운 정보에 대한 학습이 필요한 순간입니다.

④ 이 정도는 내가 다 안다는 생각을 경계한다

이 생각은 외부의 정보를 받아들이거나 찾아보려는 경로 자체를 막아버리게 됩니다. 이미 다 알고 있다는 과신과 자만은 성장에 있어 가장 큰 걸림돌입니다.

당신은 지금 하는 일, 분야를 얼마나 알고 있나요? 특별히 부족한 부분을 못 느낀다면 업무에 조금 더 집중해야 한다는 의미입니다. 모름을 알고, 그것을 알아가려 노력하는 만큼 자신의 일과 삶을 이끌어 갈 수 있는 힘도 강해집니다. 그리고 무엇보다 내가 아는 정보, 지식은 완전한 것이 아니라는 점을 늘 염두에 두어야 합니다. 시시각각 변화하는 시대에서 현재 알고 있는 정보에만 안주한다면 자칫 흐름을 따라가지 못하는 사람이 될 수 있습니다. 새로운 정보가 생기거나 갑작스러운 변화가 생겼을 때 흔들리지 않기 위해서는 경험과 배움에 대한 마음을 늘 열어 두어야 합니다. 직접 해 보아야 알 수 있고, 그다음 단계로 나아갈 때 업그레이드 할 수 있는 정보가 추가되는 것입니다. 이 세상은 내가 아는 만큼 보이고, 할 수 있는 기회도 늘어납니다.

모르는 것을 알게 해 주는 습관

• **이해가 안 되면 검색하자**

우리에게는 궁금한 것이 있을 때 언제든지 대기하고 있는 검색창이 있습니다. 업무를 하다 이해가 되지 않는 것이 있으면 바로 찾아보세요. 검색해도 나오지 않으면 이전 자료를 살펴보거나 선배들을 활용해 보세요.

• **메모하고 확인하자**

당분간은 참고할 수 있도록 눈에 보이는 곳에 적어서 붙여 둡니다. 메모를 참고하거나 의식하지 않아도 될 즈음에는 메모를 폐기합니다.

이 세상에 존재하는 모든 것을 다 알지 못하는 것은 당연합니다. 하지만 다 알아낼 수 있다는 생각으로 접근해 보세요. 자신도 모르는 사이에 세상을 보는 시야가 넓어져 있을 것입니다.

정보력이 좋은 사람들의 특징

대부분의 사람들은 직장에 들어가면 자신의 역량을 마음껏 펼치며 전문성을 키울 수 있을 거라 기대합니다. 하지만 주체적으로 하는 일보다는 수동적이고 사소해 보이는 업무들이 대부분입니다. 전문성은 경력의 길이만으로 쌓이는 게 아닙니다. 경험을 어떻게 활용하느냐의 문제죠.

함께 일하는 동료들 중에는 유독 정보력이 뛰어난 사람이 있습니다. 누가 물어보는 정보를 바로바로 설명도 잘 하고, 자신이 담당자가 아닌 일도 연관된 업무라면 잘 알고 있습니다. 이들의 공통된 세 가지 특징은 다음과 같습니다.

① 모든 서류를 리뷰한다

예를 들어 서류를 복사해달라는 요청에도 내용이 무엇인지, 누구에게 전달되는 것인지도 살펴봅니다. 양면 혹은 확대 복사 등 출력 방식도 생각해 볼 수 있겠죠. 서류 전달 요청에는 담당자 확인과 함께 어떤 내용을 전하는 것인지, 추가 회신이 필요한지 아닌지도 생각해 볼 수 있습니다.

전달되는 이메일을 꼼꼼하게 읽어보는 것은 기본입니다. 그 이메일이나 서류의 수신인이 아니라 참조인일 경우도 마찬가지입니다. 자세한 내용은 잘 이해가 되지 않지만 다른 사람의 일이라도 대략 내용을 읽어본 사람들은 다른 사람의 경험으로도 자신의 말에 근거를 마련할 수 있겠죠. 또 상대방이 어떤 이야기를 하는 것인지 확인이라도 할 수 있습니다.

> "지난주 진행한 ○○ 프로젝트건인가요? 아니면 며칠 전 새로 진행될 XX건인가요?"

② 전체적인 그림을 보려고 노력한다

경력 여부를 떠나 본인에게 전달되는 내용들을 꼼꼼히 확인하는 사람들은 언제든 발전할 수 있습니다. 현재 투입된 프로젝트는 아니지만, 부서 내 혹은 회사 전반의 움직임도 파악할 수 있고, 추후 필요할 때는 바로 업무에 착수할 기회가 생길 수도 있습니다.

일반적으로 하나의 과제를 처리하기 위해서는 많은 부서가 협업하게 됩니다. 규모는 달라도 모든 회사의 운영 시스템은 비슷합니다. 이 원리를 알면 전체 프로세스를 예상할 수 있습니다. 다음 단계에 있는 담당자가 검토하는 부분 외에도 프로세스상에 있는 타

부서에서 나올 수 있는 피드백을 고려해 볼 수 있는 것입니다. 하나의 자료를 만들더라도 조금 더 세심하게 살펴볼 수 있겠죠.

지금 당신의 눈앞에 있는 자료는 전체 프로세스 중 어느 단계에 있는 것일까요? 앞으로 최종 결과물이 나올 때까지 남아 있는 단계들은 무엇이고 그때마다 고려해야 하는 사항들을 알 수 있다면 그에 대비해서 채워야 할 내용도 알 수 있습니다.

③ 모르는 부분은 구체적이고 적극적으로 알아본다

사내 프로세스, 규정 등이 공지되어 있더라도 담당자와 커뮤니케이션이 필요한 경우가 있습니다. 이때 빠르게 원하는 것을 얻기 위해서는 모르는 부분을 구체적으로 질문해야 합니다.

우리는 이미 많은 정보에 노출되어 있습니다. 그것들을 어떻게 활용하느냐는 개인의 몫입니다. 회사에서는 단순히 일을 문제없이 잘 처리한다고 해서 일을 잘한다고 말하지 않습니다. 맡은 일에 대한 이해도와 자신만의 노하우가 얼마나 축적되어 있는가를 평가합니다.

주어진 일을 해내는 사람은 누구나 될 수 있습니다. 하지만 앞으로의 상황을 미리 준비하는 사람은 아무나 될 수 없습니다. 업무를 진행하며 수집된 정보들을 자신의 것으로 만들어 활용해 나가는 습관을 들여야 합니다.

육하원칙에 따라 기록하는 습관

나중에 소스로 활용하기 위해 언제 무엇과 관련된 자료였는지 빠르게 파악하려면 일단 기존에 했던 일에 대한 기록이 필요하겠죠. 검토하거나 기록을 할 때는 가급적 6가지 항목을 고려하여 정리해두면 좋습니다. '누가, 언제, 어디서, 무엇을, 어떻게, 왜' 바로 육하원칙입니다. 기본적인 이 항목들을 파악하고 이에 대한 내용을 자신의 메모나 업무 일지에 기록해 두면 업무의 흐름도 파악할 수 있고, 나중에 찾아보기도 쉽습니다.

- 6/20(언제) 상반기 실적 자료를(무엇을) 마케팅 A팀 P 과장(누가)으로부터 이메일로(어디서) 전달받음
  - 우리 팀 전체 리뷰 필요(왜)
  - 6/21 K 대리에게 검토 요청함(어떻게)

- 6/15(언제) T사 계약서를(무엇을) 재무팀 L 대리(누가)가 자리로 직접 와서 (어디서) 전달해 줌
  - 팀장님 검토 필요(왜)
  - 6/15 팀장님에게 전달, 사본은 내가 보관 중(어떻게)

업무력을 높이는 핵심 습관

- 사소한 경험도 나중에 반드시 쓰임이 있다.

- 누구나 처음은 있다는 사실을 기억하라.

- 배움의 과정에 들어가기 위해서는 도전해야 한다.

- 안다고 생각이 들면 경각심을 가져라.
  안다고 생각하면 멈추게 된다.

- 정보력이 좋은 사람들은 3가지 특징을 가지고 있다.

기록하면서 전문성을
키우는 습관

일할 때 해둔 모든 기록은
업무 매뉴얼이 된다

입사했을 때 회사와 관련된 정보뿐만 아니라 업무를 위한 지침서나 참고 자료를 받아본 적이 있나요? 사내 규정에 대한 안내서는 있을 수 있지만, 업무별 상세 매뉴얼은 공식화되어 있지 않은 경우가 많습니다. 기본적으로 해야 할 일이 같아도 사람의 역량과 기술, 상황에 따라 처리 방식이 다르기 때문입니다. 심지어 업무 매뉴얼이 있더라도 대부분 자신만의 방식으로 처리하기 때문에 매뉴얼은 참고하는 정도입니다. 하지만 일의 전문성은 업무 매뉴얼의 유무에 따라 확연히 달라집니다.

업무 매뉴얼은 상황 또는 업무 특성에 따른 처리 방식을 기재하는 기록 이상의 것입니다. 주기적인 업무와 그렇지 않은 것을 구분하고, 더 나은 아이디어나 보완이 필요한 사항은 수시로 추가합니다. 생각으로 그치기보다 문서로 만들면 규칙을 찾을 수 있고, 이는 업무의 체계를 잡을 수 있게 합니다. 그리고 자신이 지금까지 무슨 일을 했고, 현재 하고 있는 일, 자신이 한 업적에 대한 증빙이 필요할 때 근거 자료가 될 수 있습니다. 축적된 정보는 같은 업무라도 차후에 더 나은 방법으로 활용할 수 있게 도와줍니다. 가끔 하는 업무라도 기존에 처리한 방식을 참고하여 진행할 수 있겠죠. 부득이하게 부재중인 상황이 생겼을 때 자신의 업무를 대행해 주는 사람이 매뉴얼만 보고도 처리할 수 있을 정도로 정리가 되어 있다면 업무의 공백을 줄여주는 역할도 합니다.

기록 당시에는 하나하나의 점으로 보일지 모르지만, 훗날 다시 보았을 때는 참고 자료일뿐 아니라 자신도 모르게 성장해 온 발자취를 확인할 수 있습니다. 아무것도 모르고 시작했던 업무에 대한 정보는 풍부해져 있을 것이고, 그만큼 성장한 자신을 보며 그 안에서 자신감도 얻을 수 있습니다.

> '아, 이랬던 내가 지금은 이런 일도
> 아무렇지 않게 할 수 있구나.'

이는 자기 위안과는 조금 다릅니다. 앞으로도 꾸준히 이렇게 했을 때 나는 더 성장할 수 있다는 믿음이 생겨나는 것입니다. 그때의 나도 나 자신이고, 지금의 나도 나이기에 충분히 해낼 수 있다는 자신감을 얻게 됩니다. 또, 기록했던 다짐들이 어느새 이루어져 있을 때, 성공한 기록은 그 자체만으로도 자존감을 증폭시킵니다.

물론 반대로 '아, 예전에는 이랬는데, 지금은 왜 이럴까?'라는 생각이 들 수도 있습니다. 이는 과거보다 동기부여가 덜 되고 있거나 어떤 명확한 목표가 보이지 않아서일 수도 있습니다. 지금 나아가고 있는 길에서 잠시 한 발짝 물러서서 다시 살펴보세요. 지금까지 충분히 잘 해왔듯이 앞으로도 잘 해나갈 수 있다고 스스로를 다독이는 시간을 가져 보시기 바랍니다.

남들과 동일하게 주어진 시간 동안 내가 잘하고 있는지, 성장하고 있는 모습을 보고 싶다면 기록을 시작해 보세요. 업무 매뉴얼은 곧 당신의 성장일지가 됩니다.

업무 내용을 정리하는 방법

매일 작성된 내용은 업무에 대한 역할을 더욱 명확하게 해 주고 '요즘 무슨 일 해?'라는 질문에도 바로 답할 수 있는 자료가 되어 줍니다. 매일 할 일 목록에 한 칸만 더 추가해 보세요. 나의 기억보다 더 정확하고 객관적인 정보가 모이게 될 것입니다.

- **매일 기록하기**
  도구는 매일 작성할 수 있고 언제든 열어볼 수 있는 것으로 선택합니다. 모바일과 웹이 연동된 앱을 활용해도 좋고, 개인 노트를 활용해도 좋습니다. 중요한 것은 사용하기 간편해야 합니다.

- **항목과 상세 내용 함께 기재하기**

  업무명 혹은 주제와 함께 어떻게 처리했는지 기재합니다. 누군가의 조언을 구했다면 조언자와 내용을 함께 작성합니다. 중요한 것은 가능한 한 자세하게 기록하는 것입니다. 아래는 기록의 예입니다.

날짜	업무명	상세 내용	비고
(처리일)	OO 보고서 작성	부장님 결제 대기 중 과장님 통하여 보고서 내용 중 OO에 대한 피드백을 XX 라고 받아 수정 및 보완함.	(기억해야 할 특이사항 기록)

- **작성 시기는 하루 마감 시**

  업무 중 수시로 작성할 수 있다면 좋겠지만, 시간적 여유가 허락하지 않는다면 퇴근 전 할 일 목록 정리 시, 함께 작업해 두는 것이 좋습니다. 즉, 할 일 목록 작성 노트를 히스토리 노트와 같이 사용하는 것이 좋습니다.

- **주기적으로 검토하기**

  월간 보고 작성 시, 한 달의 기록을 살펴보면서 꼭 기억해 두어야 하는 것들을 체크합니다.
  – 주요 업적, 새로운 업무(또는 스킬), 업데이트 사항 등
  – 별도로 시간 할애가 어려운 경우, 인덱스를 붙여 추후 참고 시 바로 확인할 수 있도록 합니다.

특별한 이벤트를 모은
경험 노트를 만들어라

우리가 하는 일은 수학 공식처럼 매번 같은 답이 나오는 경우가 없습니다. 같은 일도 매번 상황이 달라지기 때문입니다. 회사에는 정해진 가이드라인, 규정 등이 있지만, 우리는 늘 다른 상황을 마주합니다.

경험이 상대적으로 적은 직원이 상사나 선배의 기대에 맞추기 위해 노력해도 당장 그들의 실력과 비교하며 업무를 해나가면 지칠 수밖에 없습니다. 목표를 높게 잡아두는 것은 좋지만, 그러다 보면 현재의 내가 너무 작게 느껴질 수 있습니다. 상대의 연차 기준에서 나를 바라보는 것이 아니라 자신의 위치에서 할 수 있는 일을 찾는 데 집중해야 합니다.

기록은 성장을 위해 당장 할 수 있는 일

머릿속으로 생각만 하는 것보다 직접 글로 쓰거나, 키보드를 두드려서 어딘가에 저장하는 작업을 할 때 그 기억은 더욱 오래 갑니다. 또, 일단 어딘가에 적히니까 정보는 분명히 쌓이겠죠.

이렇게 기록된 내용은 추후에 참고하거나 활용 가능한 자료가 됩니다. 한 번쯤 했던 업무 같은데 다시 하려고 하니 기억이 가물가물한 경우, 기존에 처리한 내역을 참고해야 하는 경우 굉장히 유용한 정보입니다. 기록된 사실을 바탕으로 하면 업무를 실수도 줄고 다시 정보를 파악하느라 드는 시간도 줄일 수 있습니다.

결국 책임은 내가 진다

상사는 후배 직원들보다 더 많은 경험을 하긴 했지만, 모든 경험을 다 한 것이 아닙니다. 당연히 모르는 것도 있을 수 있습니다. 업무를 수행하는 자에게는 책임이 따릅니다. 상사의 방식대로 일하더라도 결과에 대한 책임은 수행자가 지게됩니다.

물론 회사에서는 팀원들로 인해 발생하는 문제에 대해 중간관리자, 팀장에게 책임이 있다고 하기도 하지만, 팀원을 대신하여 팀장이 책임을 지는 것이지 모든 책임을 팀장이 지는 것이 아닙니다. 상사에게 비슷한 상황이 있었다면 조언을 구하되 스스로 문제를 해결할 방안을 찾아보아야 합니다.

그 과정에서 얻어가는 경험들로 자신의 히스토리를 만들어 나가면 됩니다. 소중하게 얻은 경험이라도 기록해 두지 않으면 그냥 해본 것에 불과합니다. 나중에 기억도 잘 나지 않지요.

일단 작성하고 공유하라

매일 업무일지를 작성하고 있다면, 조언을 구했던 내용이나 업무 주제를 작성한 라인 옆에 어떻게 처리했는지, 상사나 동료들에게 들었던 팁은 무엇이었는지 작성해 두세요. 따로 업무일지를 작성하지 않는다면, 개인 다이어리나 메모 앱을 활용할 수 있습니다. 순간순간 떠오르는 아이디어들을 적거나, 궁금한 사항을 적어 두었다가 그에 대한 경험의 이력을 추가로 업데이트하는 것입니다. 꼭 깔끔하게 정리되어 있지 않더라도 검색을 하면 되니 너무 정리를 고민할 필요는 없습니다. 우선 기록을 쌓는 것이 더 중요합니다.

때로는 내 경험이 누군가에게 도움이 될 수도 있습니다. 후배가 선배보다 더 좋은 아이디어를 낼 수도 있고, 선배가 경험하지 못한 것을 후배가 먼저 경험하는 경우도 있습니다. 간혹 선배가 모르는 부분에 대해 후배에게 의견을 구하는데, 이때 자신의 경험을 선뜻 내어줄 수 있다면 단번에 함께하기에 든든한 후배가 될 것입니다.

지금 회사에서는 리더 역할을 하고 있지 않더라도 우리는 이미 각자 자신의 삶을 이끄는 리더입니다. 모르는 것이 있다면 적극적으로 배우며 채우고, 아는 것이 있다면 다른 사람들에게 나눠 주세요. 당신의 경험이 모든 상황에 정답이 아니라는 것만 유념하면 됩니다.

같은 질문 반복하지 않는 습관: 경험 기록

업무일지 말고 나만의 경험 노트를 만들어 두면 좋습니다. 매일 한 업무 이력을 확인하고 기록하기 위해 업무일지 혹은 할 일 목록과 별개로 경험 노트가 필요합니다. 노트의 종류는 무엇이든 괜찮습니다. 개인적으로 언제든 입력하기 쉬운 노트 앱 활용을 추천합니다.

- **상세하게 기록 남기기**

  하나의 업무를 할 때 새롭게 알게 된 정보들을 자세하게 남겨 둡니다. 상사나 선배에게 질문한 내용이 있다면 그에 대한 Q&A를 모두 적어 놓습니다. 이때 누구와 대화했는지까지 꼼꼼하게 기록하는 것이 중요합니다. 예를 들어 처음 작성하는 서류나 처음 접하는 절차의 업무를 했다면 항목별 내용이 들어가고, 주로 사용하는 단어들도 체크해 둡니다.

- **질문하기 전 노트 점검하기**

  질문을 할 때 가장 민망한 경우는 했던 질문을 반복하는 것입니다. 한 번 경험한 것은 자세히 기록해 두고 비슷한 상황이 되었을 때는 적어둔 내용이 있나 확인한 후, 진행하면 되겠죠. 지난번과는 어떤 차이가 있는지 파악하면 질문도 쉬워집니다.

  "지난번에는 이렇게 처리했는데, 이번에 여기서 이게 새로 나와서요. 이건 어떻게 해야 할까요?"

  매번 새로운 경험을 하는 것은 아니지만 유사한 경험들은 계속 일어납니다. 그때마다 실력을 최대로 발휘하기 위해서는 경험 노트를 사전 삼아 활용해 보세요. 그것은 곧 나만의 노하우가 담긴 책이 됩니다.

정리된 데이터는 일할 때
강력한 무기가 된다

우리가 사는 세상은 계속 변하고, 사람의 마음과 생각은 주변의 영향을 많이 받습니다. 그래서 사람이 하는 일도 계획한 대로 움직이기보다는 그때그때 상황에 따라 변화를 요구하게 됩니다. 준비된 상황들이 계획대로 움직인다면 정말 좋겠지만 예상하지 못한 상황들이 생기는 경우가 더 많습니다.

- 문제의 책임이 나에게 돌아오는 경우
- 갑자기 다른 방식을 요구하는 상사
- 회의 직전 일정이 변경되는 경우
- 잘 되던 프로젝터가 회의 시작과 동시에 작동하지 않는 경우
- 상사가 동석한 회의에 고객사 참석자가 오지 않는 경우

당신이라면 위와 같은 상황을 어떻게 처리할 것인가요? 이때 활용

할 수 있는 것이 그간의 데이터입니다. 나를 향한 책임도 기존의 기록들을 재검토하면 책임 소지를 명확히 찾아낼 수 있습니다. 주제별 특별한 요구사항이나 필수 체크리스트 등을 정리해 두었다면 패턴을 찾아낼 수 있죠.

만약 상사에게 중요한 회의라 함께 해달라고 한 상황에서 고객사가 나타나지 않는다면 둘 중 하나일 수 있습니다. 상대방이 늘 늦는 사람이거나, 깜빡하는 사람이겠죠. 상대방이 잘한 일은 아니지만 이에 대한 사항을 기록해 둔다면 동일인뿐 아니라, 다른 외부 인사를 초대할 때도 체크리스트로 활용할 수 있겠죠.

창의성을 높이는 기록과 데이터

기록된 데이터를 잘 엮어서 바라보면 새로운 아이디어 제안이나 응용에도 도움이 됩니다. 상사는 늘 새로운 것을 원합니다. 참신하고, 경쟁력 있는 아이템이나 아이디어를 찾고, 매번 더 나은 무언가를 내놓길 원합니다. 평소 당장 업무에 필요한 것은 아니지만, 언젠가 도움이 될 내용(트렌드 정보, 타사 기획 아이디어, 마케팅 방법 등)을 한 곳에 잘 모아 두기만 해도 업무를 할 때마다 새로운 자료를 찾느라 시간을 허비하는 일도 줄일 수 있고, 참고 자료로 유용하게 활용할 수 있습니다. 데이터의 종류가 다양할수록 남들과 다른 아이디어를 생산해낼 수 있는 가능성이 커집니다.

하지만 데이터도 빠르게 찾아서 활용할 수 있어야 효과를 제대로 볼 수 있습니다. 언제 어디서나 수집과 활용하기 위해서는 동기화가 가능해야 하고, 수집 목적에 맞는 도구를 활용해야 합니다.

자주 접속하는 웹사이트는 북마크에 저장하여 여러 대의 PC와 모바일에서 활용하고, 기록과 보관용 자료는 메모 앱에 저장합니다. 이때 하나의 앱을 활용하기보다는 자료 보관용과 급할 때 간단하게 작성하는 용도로 나누는 것을 추천합니다. 모든 정보를 한 곳에 저장해 두면 편리하지만, 급할 때 로딩하는 시간이 길어질 수도 있고, 추후 관리가 어려워질 수도 있기 때문입니다.

갑자기 떠오른 아이디어나 순간적으로 기억해야 하는 것들, 업무 관련 피드백을 받은 직후 기록은 메모 앱에 적어두었다가 처리 후 삭제합니다.

내용이 길거나, 업무 관련 사항을 정리해 두어야 하는 경우, 스크랩한 자료를 저장해 두어야 하는 등의 자료 보관용은 에버노트를 활용합니다. 에버노트는 처음 기록한 일자와 수정된 날짜를 동시에 볼 수 있어 편리합니다. 주제가 유사한데 여러 노트에 기록된 경우에는 추후에 통합해서 관리합니다. 지정된 날짜에 메모를 참고해야 한다면 알람 기능을 활용할 수도 있습니다.

이 외에도 다양한 메모 앱이 있으니, 본인이 사용하기 편한 것을 사용하면 됩니다.

생산성을 높여주는 습관: 데이터 수집

• 수집 도구 설정

데이터를 모으는 것은 필요한 정보를 가공하기 위함이기도 합니다. 즉, 언제든 활용할 수 있는 상태로 모여야 하기 때문에 나름의 체계를 갖추거나 관리할 수 있는 도구를 활용한다면 조금 더 효율적으로 데이터를 모을 수 있습니다. 개인 다이어리나 메모장도 좋은 도구가 될 수 있지만, 언제 어디서든 데이터를 모으기 위해서는 모바일과 웹을 동시에 활용하는 것이 더욱 실용적입니다.

• 수시로 입력

데이터는 언제 어떻게 내 손에 들어올지 모릅니다. 일을 하면서 새롭게 얻게 되는 것일 수도 있고, 외부에서 개인적인 용무를 보다가 수집하게 될 수도 있습니다. 휴대전화로 인터넷 서핑을 하다가 나중에 활용해야겠다는 생각으로 저장해 두어야 할 때도 있습니다. 신문이나 책 속에서 참고할 만한 자료를 얻게 될 수도 있지요. 가장 중요한 것은 발견했을 때 바로 저장하는 습관입니다.

• 데이터와 정보의 차이

수집된 기록이 쌓이면 나만의 빅데이터가 되지만, 그것은 분명 정보와는 다릅니다. 데이터는 사실에 대한 기록이고, 그중 업무에 필요한 내용들을 참고하여 활용하는 것이 정보가 됩니다. 업무 처리에 대한 기록들은 데이터가 되고, 그중 현재 진행하려는 업무에 도움이 되는 내용을 추출하여 정리하는 것이 정보인 것입니다.

가능한 한
상세히 기록하라

로펌을 배경으로 한 드라마에서 한 검사가 자신의 혐의를 부인하기 위해 A 변호사에게 혐의를 덮어씌우려 합니다. A 변호사는 검사의 이러한 행동을 전혀 눈치채지 못합니다. 이 상황을 지켜보던 A 변호사의 비서는 검사의 증거 조작에 대한 기록이 상세히 담겨 있는 서류를 로펌의 대표변호사에게 전달합니다. 검사는 그 자료를 보기도 전에 실효성이 없을 거라 단언합니다. 이에 대표변호사는 답합니다.

"본인이 아니라면 알기 힘들 정도로 상세히 기록되어 있는데 이게 증거가 될 수 없을까? 사실이 아닐까?"

업무를 하며 기록해 둔 내용이 중요한 순간에 무기로 사용된 것입니다. 드라마 속 에피소드지만, 현실에서도 충분히 경험할 수 있는 일입니다. 작게는 협력업체 직원의 연락처가 필요할 수 있고, 타부서 담당 직원과 언제 마지막으로 연락했는지 알아야 할 때도 있습니다.

메모할 때 본인의 업무상 필요할 내용을 파악하고 기록해 두면 시간이 지나도 활용할 수 있는 자료가 되겠죠. 지금 수첩을 열어보세요. 메모들을 보고 언제였는지, 당시 상황이 어떠했는지, 어디서 메모한 건지 한눈에 파악이 가능한가요? 기록이 제대로 된 영향력을 발휘하기 위해서는 다이어리처럼 있었던 일에 대한 단순 메모의 형식보다 상세하게 남기는 것이 중요합니다. 특히 업무량이 많아질수록 기억에 한계가 올 수 있기 때문에 최대한 나중에 확인했을 때 기록만 보고도 내용을 파악할 수 있게 자세하게 남겨놓아야 합니다.

가급적 날짜와 시간을 함께 기재하고 업무가 진행된 시간의 흐름 순으로 작성합니다. 진행 시 함께 한 담당자 이름과 연락처도 기재하고, 어떻게 처리되었는지까지 작성하여야 합니다. 이때 발생했던 변수나 주변의 의견이 있다면 함께 기재해 두고, 향후에 대처할 수 있는 방안도 남겨 두면 조금 더 업그레이드된 업무 진행이 가능합니다. 키워드 형식으로 간략하게 써 두거나 급하게 흘겨 쓴 경우에는 자신의 필체임에도 추후 재확인 시 어떤 내용인지 파악하기 어려울 수 있습니다.

2020년 5월 17일

해외지사 설립 관련 서류 공증 진행

대사관 방문 전, 공증사무소 가서 공증 먼저 받아야 함.

- 공증사무소: 종로구 XX동 127-1, 2층(T. 02-123-4567)

- 공증 서류: 원본 및 사본, 번역본, 신분증(방문 전 확인 필요)

- 비용: 300,000원

- 대사관 방문 가능 시간: 오후 3시 이전 접수 필요(전화해 보고 갈

것)

- 대사관 공증까지 완료 후, 사본은 보관하고 원본 지사로 발송

매번 기록하는 것이 수고스럽다면, 업무일지라도 상세하게 기록하는 것부터 시작해 보세요. 별 의미 없이 지나가는 일상적인 업무 하나가 중요한 순간에 자신의 커리어에 오점으로 남을 수 있으니 나를 지키기 위해 기록하는 것입니다.

기록하는 습관을 길러줄 첫 단계: 낙서

아이디어는 늘 예상치 못한 상황에서 떠오르기 마련입니다. 왜 집중할 때는 생각도 나지 않던 것이 길거리를 걷거나, 사람들과 대화를 하던 중에 떠오르는 것일까요? 좋은 아이디어라고 생각해 놓았다가 사무실 가서 정리하려고 하면 금세 그 기억은 어디론가 자취를 감춥니다. 운 좋게 다시 생각나면 너무나 고맙지만, 대체적으로는 그림자도 볼 수 없게 숨어 버리네요. 종종 이런 생각이 들죠.

'나는 왜 이렇게 기억을 못하지?'

이것은 정보가 기억나지 않는 것이 아니라 못 찾는 것입니다. 생각은 한번 뇌에 각인되면 우리 몸속 세포 어딘가에 저장됩니다. 문득 어린 시절 기억이 떠오르기도 하고 기억나지 않던 것들이 갑자기 스치는 순간을 경험한 적이 있을 것입니다. 때론 다이어리를 보며 '아, 그때 맞아! 이랬지' 하며 기억이 나기도 하지요. 이처럼 우리는 기억을 못하는 것이 아닌 기억을 찾지 못하는 것뿐입니다. 이때 기억을 찾는 데 도움을 주는 것이 바로 기록입니다. 그래서 가능하면 생각났을 때 바로 기록하는 것이 좋습니다.

- **작성 일자를 적어둘 것**
  언제 작성했는지를 보면 그때의 느낌을 다시 상기할 수 있습니다.

- **생각나는 대로 무작정 기술하기**
  정리하려 하지 말고 떠오르는 대로 작성합니다. 다듬으려는 순간 뒤에 떠오른 생각은 어딘가로 사라져 버립니다.

- **왜 떠올랐고, 어떤 것과 관련이 있는지 적기**
  나중에 내용만 보아서는 왜 적어 놓았는지 떠오르지 않을 때가 있습니다. 생각난 내용을 모두 적은 후에는 관련된 주제나 떠오른 이유에 대해 같이 적어둡니다. 그것으로 무엇을 해야 하는지도 함께 써 놓아야 합니다.

  예) 상품기획서
  → 5/7 부장님에게 5/16까지 발송하기
  → 5/7 상품기획서 초안 작성하기

기록 도구는 가급적 통일하는 것이 좋습니다. 휴대전화 앱을 활용하든, 노트를 활용하든 하나로 사용하면 언제든 그것만 들춰 보면 되니까요.

업무력을 높이는 핵심 습관

- 일하면서 해둔 모든 기록은 언젠가 무기가 된다.

- 특별한 이벤트를 따로 모은 경험 노트를 만들어라.

- 기록은 성장을 위해 당장 할 수 있는 일이다.

- 가능하다면 특별한 일에 대해서는 상세히 기록하라.

앞으로 할 일을
명확히 떠올리는 법

기존 방식은 참고만, 새로운 방식을 도전하라

변화하는 세상에서 업무 방식은 유연해야 한다

당장 회사를 바꿀 수 없다면 내가 일을 더 잘 할 수 있는 방법을 찾는 수밖에 없습니다. 수동적으로 시작된 일이라도 어떻게 수행하느냐에 따라 결과는 달라질 수 있습니다. 주어진 그대로 하느냐, 자신만의 색을 입혀서 진행하느냐에 따라 개인 성과와 평가도 달라질 수밖에 없습니다.

학창시절에 이론이 가득한 참고서로 공부해도 정작 시험에서는 그것을 응용한 문제를 만나듯이 기존의 자료들은 참고서일 뿐 매 순간에 맞는 유동적인 처리가 필요합니다. 개인의 업무 역량, 처리 속도, 성격이나 성향 등 다양한 면에서 온전히 기존 담당자와 동일할 수 없기 때문입니다.

회사에서 진행되는 일의 대부분은 더 나은 성과를 위한 목적을 가지고 있습니다. 만약 어떤 조직이 기존의 자료, 습성에 고착된다면 어떻게 될까요? 심지어 같은 조직에서 일하는 사람만 바뀔 뿐 매 순간 동일한 방식으로 일을 한다면 조직은 분명히 도태될 것입니다.

일을 현재의 상황에 맞게 잘 처리한다는 것은 세상의 변화에 맞추어 기존의 방식을 업그레이드해서 진행한다는 의미합니다.

새로운 방식을 제안하는 법

한 번은 기존에 늘 진행해 오던 주간 회의 자료를 취합하고 준비하는 업무를 맡게 되었습니다. 우선은 이전 담당자를 통해 전달받은 기존 방식으로 진행했습니다. 하지만 항상 회의 시간 직전까지 변경되는 자료를 업데이트하고 다시 출력하여 준비하는 것이 비효율적이고 자원 낭비처럼 느껴졌습니다. 그래서 하루는 출력하는 대신 회의실에 구비되어 있는 프로젝터를 활용하여 회의 자료를 공유하고, 회의록과 함께 최종회의 자료만 송부하는 방식으로 변경해 보았습니다. 자료를 출력하지 않은 이유를 묻는 이는 없었고, 회의 자료 출력으로 발생하던 시간과 자원을 줄일 수 있었습니다.

기존에 다른 사람이 하던 일을 이어받았을 경우에 보통 그와 동일한 방식으로 일을 하게 됩니다. 지금 하는 업무 중에도 별 이유 없이 해오던 대로 하는 것이 있을 것입니다. 혹시 최근 보고 있던 자료, 참고하고 있던 기록이 업무의 효율에 어떤 영향을 주고 있나요? 조금 더 읽기 편하게, 전달력이 높아지게 할 수 있는 방법은 없을까요?

조금 더 효율적으로 할 수 있는 방법을 발견했다면, 효과를 낼 수 있도록 상사 또는 업무 관계자에게 제시해 보세요. '이렇게 하는 게 더 효율적이지 않나요?'라는 단도직입적인 발언보다 현재까지의 진행 방식을 오래도록 유지해 오게 된 이유가 있는지 확인하면서 제안하는 방법에 어떤 장점이 있는지 함께 안내하는 것입니다. 상사가 특별히 그 방법만을 고수하고 있을 수도 있으니까요.

> "지금까지 M 미팅 자료가 서술형 위주로 작성되어 있었는데요. 이 방식이 더 편하신 것이지요? 숫자와 관련된 부분은 도표나 표 형식으로 정리하면 조금 더 눈에 잘 들어올 것 같아서 이렇게 정리해 보았는데, 이건 어떠세요?"

만약, 특별히 누군가 기존 방법을 고수하는 것이 아닌, 그냥 늘 그렇게 해 왔기 때문이라면, 그리고 분명히 더 좋은 방법이라는 확신이 든다면 일단 행동으로 옮겨보세요. 변화를 준 이유만 함께 설명하면 됩니다. 조직을 구성하는 개인은 곧 우리 자신입니다. 누구와도 비교되지 않는 내가 되기 위해서는 기존의 것을 재창조해내어 자신만의 역량을 보여주어야 합니다.

자신만의 목표를
설정하는 법

목표는 원대해도 된다

많은 회사가 직원들에게 자신의 업무에 대한 목표를 설정하게 하고 성취도에 따른 보상제도를 시행하고 있습니다. 이때 직원의 개인 역량 개발 목표는 회사의 방향성과도 부합되어야 합니다. 회사의 목표에만 집중된다면 인생의 목표, 커리어 목표에 대한 방향성은 흔들릴 수 있습니다. 회사와 개인에게 모두 적합한 목표를 설정하고 그에 따른 결과를 낼 수 있다면 회사는 이익을 얻고, 개인은 발전의 기회를 얻으며 함께 성장하는 구조를 그릴 수 있습니다.

이때 목표를 설정하는 것 자체에 이루고 싶은 무엇인가가 있어야 한다고 생각하는 사람들이 있습니다. 그래서 이렇게 말하곤 합니다.

"목표가 없어요."
"무엇을 하고 싶은지 모르겠어요."

이는 목표가 명확해야 한다거나 남들이 들었을 때 납득이 갈 만한, 특별해 보이는 것이어야 한다고 생각하기 때문입니다. 하지만 목표는 그런 것들이 아닙니다. 거창한 것을 세우려고 하기보다는 목표설정을 위해 다음 질문의 답을 고민해 보면 좋습니다.

'어떤 일을 하는 사람이 되고 싶은가?'
'나의 가치관, 좌우명은 무엇인가?'

인생, 직업, 현재 직장 등 무엇에 대한 목표를 세우든 위와 같은 질문을 함께 생각해 보세요. 이룰 수 없는 목표 같아 보여도 괜찮습니다. 오히려 이루기 힘들어 보이는 원대한 목표일수록 좋습니다.

목적을 파악하고 매일 할 일을 정하라

목표가 설정되었다면 그것을 왜 이루어야 하는지 목적을 함께 생각해 봅니다. 목표는 삶의 방향성을 잡아 주는 가치관이 되고 목적은 동기부여가 되어 목표를 이루기 위한 행동을 지속시켜 주는 역할을 합니다.

여기까지 설정되었다면 그다음은 쉽습니다. 목표에 따라 현재 내가 해야 하는 것들부터 시작하면 됩니다. 만약 당신이 회사의 주요 임원이 되고 싶다면 왜 그런지 생각해 보고, 그것을 위해 지금부터 해야 하는 것들을 하나씩 이루어 나가면 됩니다.

이를 업무에 적용해 본다면 어떻게 해볼 수 있을까요? 우선 매일 할 일은 그날의 목표, 즉 하루 동안의 할당량이 될 것입니다. 그럼 그 할당량을 다 이루기 위해, '무엇을', '왜' 오늘까지 해야 하는지 체크해 봅니다. 그중 반드시 당일에 마무리해야 하는 일들을 각각 '어떻게' 해야 하는지(순서를 정하거나, 시간을 배분하는 등)를 생각해 봅니다. 매일 아침 혹은 퇴근 전 이 작업을 하는 것이 습관이 된다면 우선순위에 맞게 일을 하는 것은 물론이고, 매일 할 일을 다 한 후의 성취감도 클 것입니다. 인생의 목표가 큰 그림이라면, 그림을 완성해 나가는 과정은 매일의 목표 달성이 됩니다.

고인 물이 아닌
흐르는 물이 되자

목표를 적어두는 것이 가지는 힘

목적이나 방향성을 생각하지 않으면 시간이 흐르는 대로 살게 될 뿐 아니라 자신의 삶이 어디로 가고 있는지도 모르게 됩니다. 세상이 변하는 만큼 상황도 변하고 요구되는 것들도 변합니다. 이에 맞추어 자신만의 방향성을 이끌어 나가기 위해서는 유연하게 사고하며 목표를 수정하는 일은 필수입니다.

목표를 수정할 때는 목표를 내려놓는 것이 아니라 더 나아질 수 있는 방향으로 구체화하거나 더 높은 목표로 업데이트해야 합니다. 만약 정체기를 겪고 있다면 스스로 이유가 무엇인지 돌이켜보고 해결점을 찾으면 됩니다.

저는 매년 새해를 맞이하기 전 한 해의 계획을 정리합니다. 이것을 매일 본다면 좋겠지만, 매일 한 해의 목표를 확인하는 것은 현실적으로 많은 제약이 있습니다. 하지만 목표를 적어둠으로써 중간중간 나의 방향성을 점검해 볼 수 있겠죠. 이때는 보통 다음과 같은 항목을 점검합니다.

목표 중간점검 체크리스트

- 목표한 바는 어느 정도 진행했는가?
- 못한 것은 무엇인가?
- 수정해야 할 것은 무엇인가?

업무와 관련된 목표나 매일 할 일은 눈에 보이는 곳에 붙여 둡니다. 꼭 기억해야 하는 사항들은 모니터나 다이어리 표지처럼 매일 아침 오자마자 보게 되는 곳에 붙여 둡니다. 주변 동료들에게 노출하기가 망설여진다면 자기 방의 책상에 붙여 놓거나 휴대전화 배경화면으로 해 둡니다. 목표를 실행하기 위해서는 계속 자신에게 상기시켜주는 것이 좋습니다.

목표는 조금씩 구체적으로 변화를 줘라

목표와 목적을 세웠다고 해서 그것을 어떻게든 유지하며 지키려고 하는 것은 현시대에 맞지 않습니다. 이제는 평생직장보다 나의 평생업을 찾고자 하는 시대입니다. 이에 맞춰 목표와 목적은 상황에 맞게 업데이트 되어야 합니다. 주기적인 점검을 통해 다음 단계로의 움직여야 합니다.

처음 일을 시작했을 때와 5년 차, 10년 차에 설정한 목표를 보면 변화된 모습을 볼 수도 있지만, 어떤 생각이 정체되어 있는지도 알 수 있습니다. 매년 같은 생각, 고민을 하고 있다면 그것은 점검이 필요한 부분이겠죠.

저도 사회생활 5년 차쯤 되었을 때 정체기가 찾아왔습니다. 업무도 적응되어 문제가 없었고, 하고 싶은 공부나 취미 생활도 충분히 하고 있어 생활에는 만족스러웠습니다. 하지만 커리어 목표를 위해 이직을 하려고 하니 원하는 포지션이 보이지 않았고, 어떤 곳은 연차 대비 너무 많은 역량을 요구하는 듯해 보였습니다. 무엇이 문제일까 되짚어 보니 답은 자신에게 있었습니다.

목표의 변화

- 1년 차(신입): 3년 후쯤 대기업으로 이직하기
- 3년 차: 더 좋은 회사로 이직하기

목표는 있었지만 왜 대기업을 선택하는지, 더 좋은 회사란 어떤 곳을 의미하는 것인지 막연하고 모호했기 때문에 다음 경로를 찾는 데 혼란을 느낀 것입니다. 그래서 목표와 목적을 다시 정리하여 한 줄로 바꿔 보았습니다.

'나의 분야에서 전문성과 노하우를 쌓아
다른 사람에게 도움을 주는 사람으로 성장하자.'

어떤가요? 전문성을 쌓아야 하니 더 다양한 경험이 필요했고, 노하우를 나누기 위해서는 멘토링이나 교육을 해야겠다는 판단이 쉽게 내려졌습니다. 이후부터는 회사를 바라보는 안목도 달라지고 이직을 할 때 더 구체적인 사항들을 고려할 수 있었습니다. 현재는 멘토링과 교육을 병행하며 목표하는 바를 향해 나아가고 있습니다. 앞으로도 목표는 계속 업데이트 할 생각입니다.

인적 네트워크로
신선한 지식을 얻어라

네트워크는 비즈니스 수단이자 지식창고다

우리가 사는 세상은 혼자서는 살아갈 수 없습니다. 개인의 삶을 중요하게 생각하면서도 안정감을 느끼기 위해 소속된 공간을 찾죠. 그것은 회사가 될 수도 있고 모임이 될 수도 있습니다. 혼자만의 시간도 필요하지만, 누군가와 함께 하는 시간도 필요합니다. 다른 사람들은 어떻게 사는지, 나와 같은지 다른지, 그리고 그들의 생각과 경험을 엿보며 동기부여를 받고, 때로는 동질감을 느끼며 위로를 얻기도 합니다. 이는 자신을 매일 더 나아지는 삶으로 이끌어 주는 원동력이 됩니다.

함께 일해 온 대표나 일 잘하는 사람들을 보면 바쁜 와중에도 갖가지 모임들에 참석하여 인맥을 쌓아 나갑니다. 모임의 종류는 학교 동기, 동문회, 취미, 자기계발, 비영리 사교 모임 등 다양합니다. 또한, 모임에서 맺어진 인맥은 도움이 필요할 때 상호 협조하는 비즈니스 관계가 되기도 합니다. 다른 분야에 있는 사람들을 통해 비즈니스 정보를 얻기도 하고 중간에서 비즈니스 관계를 이어주는 역할도 합니다. 이는 모임을 단순히 사교를 위하여 참석하는 것이 아니라 비즈니스의 장으로 여긴다는 것을 보여줍니다.

이제는 비슷한 취미, 관심사를 가진 사람들이 온라인을 통해 쉽게 만날 수 있게 되었습니다. 저도 집 근처에서 함께 운동할 수 있는 모임을 찾다가 매주 함께 운동하고 간단한 요기도 하는 한 커뮤니티에 참여하게 되었습니다.

새로운 사람에게서 받는 신선한 자극

이런 모임의 가장 큰 장점은 다른 분야의 사람들을 만날 수 있다는 것입니다. 평소 다른 업종, 직업을 가진 사람들을 만날 기회가 많지 않기 때문에 회사 밖 낯선 사람들과의 모임은 신선한 자극과 정보통이 되어 줍니다. 모임을 통해 접해 보지 않았던 직무에 대해 알게 되면 후에 업무 조율 시에도 도움이 됩니다. 현재 직무와 관련이 없는 분야의 사람들과 만났을 때 새로운 아이디어 창출에 도움이 되기도 합니다.

학교를 벗어나 사회생활을 하다 보면 가까운 관계인 사람들보다 새로운 인연을 통해 얻은 정보로 지식의 확장이 일어나는 경우가 더 많습니다. 미래에 대한 고민을 털어놓았을 때 친구들은 공감해 줄 수 있지만, 늘 같은 사람들이다 보니 넓은 사고에 어려움이 있을 수밖에 없습니다.

마찬가지로 한 가지 일에 매몰되면 주변이 잘 보이지 않습니다. 회사생활에서도 자기 일만 열심히 하는 사람을 성실하게 일 잘한다고 하지는 않습니다. 다른 사람들과 유기적인 관계를 맺고 소통할 수 있어야 합니다. 물론 친분이 있지 않아도 어떻게든 업무는 함께 할 수 있겠지만, 평소 다른 분야나 사람에게 무관심하다면 소통이 원활하지 못할 수 있습니다. 성공하는 사람들의 성공 요인 중 하나가 인적 네트워크라는 것은 이제 누구나 다 알고 있는 사실입니다. 어떠한 성공도 혼자서 이뤄지지는 않습니다. 누구도 혼자의 힘으로 최고의 자리에 올라설 수 없습니다.

최근에는 관심사 혹은 취미가 비슷한 사람들이 함께 할 수 있는 동호회나 스터디 모임이 활발해졌고, 재능 나눔이 가능한 플랫폼도 많아졌습니다. 검색만 해보면 바로 내가 배우고 싶은 것이나 공통의 관심사를 함께 나눌 수 있는 네트워크를 찾을 수 있습니다. 대량의 정보가 매일 쏟아져 나오는 세상에서 좀 더 쉽게 성장하기 위해서는 네트워크 활동을 통해 발을 넓혀 보기를 추천합니다. 성장하고 싶다면 매일 노력하고 연구하고 행동하는 사람들의 곁으로 가야 합니다.

WHY로 묻고
HOW로 대답하자

의문이 드는 일이라면 왜 하는지 떠올려라

L 팀장은 회사 파트너들을 위한 행사를 기획하고 있습니다. 초대
받은 사람들의 참석 여부를 확인하고자 H 대리에게 파트너 명단
을 전달하며 모두 전화해서 연락처 정보와 참석 여부를 확인해달
라고 합니다.

H 대리는 이 많은 사람들에게 어떻게 다 전화를 돌리라는 것인지
의문이 들면서 파트너사의 기본적인 정보는 협업부서에서 충분히
확인이 가능한 부분이라는 생각이 들었습니다. L 팀장의 자리로 찾
아간 H 대리가 말합니다.

> **H 대리** "이 행사 하는 거 영업부에서도 다 알고 있나요? VIP 명단
> 이면 그쪽에서도 알고 있을 것 같아서요."
>
> **L 팀장** "H 대리, 하기 싫어서 그래요?"

황당해진 H 대리는 L 팀장에게 말합니다.

> **H 대리** "팀장님, 초대장을 주기 전에 '너 올 거야, 안 올 거야?'라
> 고 묻고 올 사람만 초대장을 주나요? 초대장을 모두 보내
> 고 참석 여부 회신을 받고 그에 맞게 준비해야 하는 것 아
> 닐까요? 그리고 이 명단은 이미 거래하고 있는 곳들이라
> 일일이 다시 전화하는 것보다는 해당 부서에서 업데이트
> 된 정보로 받는 것이 더 빠를 것 같아서요. 이 사람들에게
> 다 전화하려면 다른 업무는 하지 못할 것 같습니다."

L 팀장은 알겠으니 명단을 두고 가라고 했고 주변에 있던 동료들
은 메신저로 '핵사이다'를 외쳤습니다. 팀장에게 대놓고 자신의 의
견을 이야기하는 사람도 없었지만, 무엇보다 그동안 불합리한 일
을 경험한 동료들의 마음을 대변하는 듯했기 때문입니다.

현재의 방법이 좋지 않다면 어떻게 해결할지 제안하라

지시받은 일 중에는 가끔 효율이 떨어지는 업무도 있습니다. H 대
리의 예와 같이 일을 나에게 미루는 듯한 느낌이 들거나, 효율적이
지 못하다 생각이 될 때는 그에 대한 의견을 전하거나 다른 방법
을 제안해야 합니다.

이때 어떻게 효율적인지, 비합리적인지를 구분할 수 있을까요? 상
사가 무엇인가 요청하였을 때 정확하고 효율적으로 일하는 사람

이라는 것을 보여주고 싶다면 이 두 가지만 집중하면 됩니다.

> '요청하는 이유가 무엇이지?' - WHY
> '어떻게 준비해서 보고하면 될까?' - HOW

WHY는 상대가 원하는 것이 무엇인지 파악하는 질문이고, HOW는 그에 맞추어서 진행하기 위한 질문입니다. 특히 처음 시도하는 일은 시작이 어려운데, 이 두 가지 질문을 떠올리면 답을 얻을 수 있습니다.

지금 이게 왜 필요한지만 생각해도 정보를 찾기 위한 검색어를 떠올릴 수 있고, 해결방법을 위한 경로를 찾을 수 있습니다. 그 이후에는 자연스럽게 일이 해결되겠죠. 상사가 평소에 하는 질문 속에도 이 두 항목은 항상 포함되어 있습니다.

> "그 프로젝트는 왜 해야 하나요?"
> "그럼 어떻게 해야 할까요?"

대부분의 보고는 일을 해야 하는 배경에 대한 질문을 불러옵니다. 이러한 질문을 통해 우선순위를 구분하여 일을 진행할 수 있기 때문입니다. 이 외에도 WHY와 HOW에 대해 생각해 볼 수 있는 것은 다양합니다.

'왜 출근해야 하지?'

'어떻게 하면 오늘 하루를 더 행복하게 보낼 수 있을까?'

'지난주에 보고한 내용을 왜 다시 달라고 하시는 거지?'

'이번 보고는 어떻게 준비해야 할까?'

내 가치를 인정받는 HOW 실행법

WHY를 통해 목적과 이유를 파악했다면 이제 HOW로 실행에 옮길 방법을 찾는 질문에 집중하면 됩니다. 상사가 "왜 이렇게 처리했어요? 이다음은 어떻게 하면 될까요?"라고 묻는다면 어딘가 문제점이 보이거나 상사가 이해하지 못한 부분이 있다는 의미입니다.

이때 바로 "다시 확인해 보겠습니다."라고 답을 한다면 이는 당신이 지금 상황에서 본질 파악을 제대로 하고 있지 못하다는 것을 보여주는 것입니다. 무엇보다 다시 확인한 후에 또 다시 보고해야 하기 때문에 대화의 끝이 맺어지지 않게 됩니다.

이 외에도 두 질문에 대한 답을 고민해 보지 않고 일을 할 경우에는 요청받은 자료를 엉뚱하게 찾아온다거나, 상사의 질문에 동문서답하게 될 수 있습니다.

자신의 가치를 제대로 인정받기 위해서는 맡은 과제의 목적과 이유를 파악하고 이에 필요한 실행 과제를 고려하고 있다는 것을 보여주어야 합니다. HOW가 준비되지 않았다는 것은 상사에게 답을 구하는 것과 같습니다.

물론 도저히 방법이 생각나지 않을 수 있습니다. 특히 처음 접하는 일은 어떻게 시작해야 할지 감이 잡히지 않을 수 있으니까요. 이 때는 최소한 자신이 시도한 내용과 함께 질문하면 됩니다. "제가 이런저런 방법으로 해 봤는데, 혹시 놓치고 있는 부분이 뭘까요?" 이 정도의 고민도 없이 보고하면 상사는 '아무런 노력도 하지 않고 그냥 가지고 왔네? 검토하긴 한 건가?'라는 생각을 할 수밖에 없습니다.

업무력을 높이는 핵심 습관

- 새로운 방식을 적용하려면 일단 질러놓고 봐라.

- 자신만의 목표를 세우려면 '어떤 일을 하는 사람이 되고 싶은지', '나의 가치관과 좌우명은 무엇인지'를 고민해 보면 좋다.

- 목표는 적어두고, 상황에 맞게 구체적으로 변화를 줘라. 목표를 왜 달성해야 하는지가 목적이다.

- 새로운 사람들을 만날 기회를 만들고 새로운 아이디어와 지식을 습득하라.

- 그 일을 왜 해야 하는지, 어떻게 할 것인지 고민해 보면 할 일이 명확해진다.

6장
성장으로
이어지는 태도

스트레스를 줄이는
마인드 관리법

인성은 습관을 통해 드러난다

인성은 평소에 드러나는 역량이다

부족한 지식을 채우고 현재의 역량에서 한 단계 더 나아가기 위해서는 자기계발이 필요합니다. 자기계발의 사전적 의미는 잠재하는 자기의 슬기나 재능, 사상 등을 일깨우는 것입니다. 즉 내재된 개인의 역량과 성품을 밖으로 드러내는 과정이죠.

주변 동료 중에는 매사에 적극적이고, 회의 시간마다 다른 사람들의 의견을 잘 수렴하면서 자신의 아이디어도 적극적으로 내는 사람이 있습니다. 반면 지시가 있지 않은 한 듣는 둥 마는 둥 하고, 일할 때도 상사가 이야기한 부분만 처리하는 사람도 있습니다. 조언을 구하거나 질문을 해야 한다면 당연히 내 이야기를 잘 들어주고 함께 고민해 줄 전자와 같은 사람을 선택하겠죠.

일을 잘하기 위한 근간이 되는 것은 개인의 사고와 태도를 드러내는 인성입니다. 개인이 가지고 있는 역량은 기회가 없으면 표면적으로 잘 드러나지 않지만, 인성은 평소 보이는 모습을 바탕으로 하기 때문에 주변 사람들이 쉽게 느낄 수 있습니다. 다른 사람들이 어떤 공부를 얼마나 하고, 평소에 그 사람이 어떤 기술을 키워나가는지는 관심을 따로 가져야 하지만, 눈에 보이는 그 사람의 언행은 우리의 몸이 바로 체감할 수 있죠. 인성과 습관은 아주 밀접하게 맞닿아 있다고 볼 수 있습니다.

모든 업무의 스킬은 시간이 지날수록 자연스럽게 발전합니다. 하지만 발전하는 속도는 일에 관한 관심과 집중력에 따라 달라집니다. 업무 적응력이 빠른 사람들을 보면 특출나게 습득력이 빠른 것처럼 보이지만, 그들은 남들보다 조금 더 관심을 두고 그 일에 집중하기에 속도가 붙는 것입니다.

일에 집중하면 업무에 필요한 것들을 파악하고 준비하게 됩니다. 또, 본인에게 부족한 역량을 채워나가려고 하게 되죠. 자신에게 부족한 부분을 깨닫는다는 것은 주어진 일을 배우려는 자세, 겸손한 태도가 있어야 가능한 일입니다. 열린 마인드와 그것을 실천에 옮길 행동력이 있어야 업무를 수행할수록 거듭나고 성장할 수 있습니다.

자신만의
기준을 만들어라

기준에 따라 자기관리하라

직장생활을 하며 만난 대표들에게는 공통점이 있었습니다. 자신만의 기준으로 실수 허용범위를 명확하게 두고 있으며 스스로에게 엄격하다는 것입니다. 본인의 실수는 바로 인정하고, 같은 실수를 반복하지 않으려 노력합니다. 어떠한 상황에도 침착하게 대처하기 위해 늘 최대한의 정신력을 발휘하며 스스로를 관리합니다. 타인의 실수에 대한 반응도 자신의 기준이 되는 허용범위를 지킵니다. 이처럼 정확한 업무 처리를 위해서는 스스로 점검하는 기준을 만들고 일정 수준의 긴장감은 유지하는 것이 좋습니다.

'완성도를 높이기 위해서 반드시 체크해야 하는 항목은 무엇일까?'
'일을 내일로 미뤄야 하는데 어떤 업무를 미뤄야 할까?'
'중요한 일정을 앞두고는 컨디션을 조절하자.'

자신의 생활 리듬에 맞는 기준을 찾아야 합니다. 방송인 유재석 씨는 신입 때부터 촬영 전날에는 무조건 일찍 휴식을 취하며 컨디션을 조절한다고 합니다.

우리가 하는 일도 마찬가지입니다. 자기관리가 되지 않으면 본인뿐 아니라 그와 관련된 사람 혹은 환경에도 영향을 주게 됩니다. 당장 일 때문에 스트레스를 받게 되면 퇴근 후 친구들과 술 한잔할 수도 있지만, 다음 날 컨디션에 영향을 주는 것은 피할 수 없습니다. 컨디션이 좋지 않으면 업무 집중도도 떨어지고, 예민해지기도 합니다. 처음에는 이러한 컨디션 관리가 어려울 수 있지만, 차츰 익숙해지고 자신만의 기준이 명확해지면, 일과 삶 속의 균형을 잡아갈 수있게 됩니다. 자연스럽게 업무도 더 효율적으로 처리할 수 있게 되겠죠.

나의 기준은 내게만 적용할 것

자신에게 필요한 것은 누구보다 스스로 가장 잘 알 수 있습니다. 나 자신을 관리하고 통제할 수 있는 사람도 나 자신입니다. 본인이 더 나은 성과를 내고 성장하기 위해서는 스스로 체크해 보아야 할 기준을 정하고 그에 맞추어 스스로를 관리해야 합니다. 단, 그것은 오롯이 자신만을 위한 것이기 때문에 타인에게 적용하거나 강요해서는 안 되겠죠.

그런데 주변에는 늘 자신의 일보다 다른 사람의 일에 관심이 더많은 사람이 있습니다. 일 잘하는 사람이 관심을 가져주면 뭔가를 배운 듯해 고마운 마음이 듭니다. 하지만 자신의 일은 뒷전이면서 남의 일에 감 놔라 배 놔라 하거나, 심지어 자신이 하는 말이 정답 인 양 강요하는 경우에는 영 기분이 좋지 않죠. 하지만 혹시 나도 그러고 있을지 모릅니다.

> '저 사람은 왜 말을 저렇게 할까?'
> '도대체 왜 그렇게 행동하는지 이해가 안 돼.'
> '나라면 이렇게 했을 것 같은데.'
> '이런 건 지금 내가 말하는 대로만 하면 돼.'

내 기준을 상대에게 설명해주는 것과 그것을 정답인 양 말하는 것 은 엄연히 차이가 있습니다. 상대의 행동이 나의 마음에 들지 않는 것 또한 나의 기준에서 비롯된 것이고, 상대에게 하는 말과 행동도 나의 기준에서 시작됩니다. 이때는 "제 생각에는요.", "저라면 이렇 게 했을 것 같아요."를 덧붙여 보세요.

반대로 내 기준이 맞는 것인지 의문이 들 수도 있습니다. 이때는 선 실행 후보완 하면 됩니다. 생각대로 행동해 보고 문제가 생기면 바 로 인정하고 보완하면 됩니다. 먼저 너무 고민할 필요는 없습니다.

외면의 행동은
내면에서 시작된다

우리는 대화를 나누는 동안 직접 내뱉는 말 외에도 상대의 표정, 태도, 어조, 말의 속도 등을 통해 많은 경험과 정보를 얻을 수 있죠. 밖으로 보이는 행동은 항상 내면에서 시작합니다.

> '와, 이 사람 정말 열정이 넘치네.'
> '사람 참 괜찮아.'

우리가 누군가를 보았을 때 위처럼 말하거나 생각하는 것은 상대가 어떤 생각을 가지고 있는지보다는 그 사람의 행동을 보고 판단하는 것입니다. 행동에서 드러나는 모습을 통해 '어떤 사람'이라는 태그가 붙는 것입니다.

늘 밝은 사람, 잘 웃는 사람, 일 처리가 빠른 사람 등의 태그는 개인의 긍정적인 행동에 붙게 됩니다. 하지만 반대로 너무 타이트한 사람, 감정 기복이 심한 사람, 예민한 사람 등의 태그는 어딘지 모르게 상대에게 불편한 모습을 자주 보였을 때 붙게 됩니다.

당신은 지금 주변에 어떻게 보여지고 무슨 태그를 만들고자 하나요? 당신이 원하는 모습이 있다면 그것을 만들어 낼 수 있는 그릇부터 준비하는 게 좋습니다.

내 이미지에 대해 생각해 보는 건 나의 행동을 점검해 보는 행동입니다. 이에 대한 답을 내기가 어렵다면 상대에게 직접 물어보는 것도 좋습니다. "혹시 어떤 부분에서 그렇게 느꼈나요?"라고 말이죠. '저 사람이 무슨 뜻으로 저런 말을 했을까?', '혹시 나에 대해 안 좋은 생각을 하고 있는 것은 아닐까?' 등의 생각은 머릿속을 복잡하게 만듭니다. 근거도 답도 없는 질문을 스스로 던지지 말고 자신의 이미지가 어떤지 궁금하다면 직접 믿을 만한 주변 사람들에게 물어보세요. 감정적으로 동요가 있거나, 다른 사람이 하는 말이나 특정한 상황에 스트레스를 받고 있다면 자신의 내면을 점검해야 한다는 신호입니다. 다음과 같이 스스로 질문해 보세요.

'지금 나는 무엇이 마음에 들지 않는 것일까?'
'나는 어떤 부분에서 기분이 좋지 않은 것일까?'

평소 긍정적인 언행을 습관화하고 싶다면 지속적으로 내면을 관리해 보세요. 자신의 마음을 잘 들여다보고 부정적인 요소들이 개입되고 있지는 않은지 살펴보세요.

성과 내는 일습관

내면 관리를 위한 습관: 운동과 글쓰기

• 규칙적인 운동은 필수, 일단 나가서 걸어보자

자신에게 맞는 운동을 찾는 데 부지런해야 합니다. 운동할 때 분비되는 테스토스테론은 자신감을 주고, 이리신은 치매 예방에 좋다고 하니 무슨 운동이든 바로 시작해 봅시다. 정 모르겠으면 일단 나가서 걸어 보세요. 퇴근길에 한두 정거장 걸어서 이동하거나, 집에 오자마자 옷만 갈아입고 동네 한 바퀴를 돌아 보세요.

• 내 마음을 들여다보는 글쓰기

같은 상황을 반복해서 생각하는 습관은 정신 건강에 좋지 않습니다. 지금 떠오르는 생각들을 글로 써보세요. 단 몇 줄이라도 생각을 글로 옮기다 보면 자연스럽게 정리가 됩니다. 두서없이 써 내려간 글도 다시 읽어보면 생각을 조금 더 객관적으로 볼 수 있는 기회가 되기도 합니다. 부담스럽지 않은 선에서 하루에 세 줄 정도 일기를 써보는 것도 좋습니다.

안 되는 일은
일단 보고하고 공유하라

저는 상사가 업무상 찾으려고 하는 사람들은 수소문해서라도 찾고, 항상 원하는 결과를 가져다드리고자 노력했습니다. 왠지 "못하겠다.", "안된다."라는 대답을 하면 일 못하는 사람이 되는 것 같고, 혼이 날 것 같기도 했습니다. 머리를 굴려 가며 다양한 방법을 시도하다 보니 어디까지는 상사가 원하는 결과를 드릴 수 있었고 이 세상에 정말 불가능이란 없다는 생각을 하기도 했습니다.

경력을 쌓으면서도 늘 난관에 부딪힐 때마다 모든 것은 가능하다고 생각하며 임했지만, 어느 날 현실적으로 불가능한 일을 마주하게 됐습니다. 답답한 마음에 '내가 능력이 없는 것인가?' 하는 생각도 들었습니다. 하지만 별다른 방도가 없어 상황 설명과 함께 보고를 했습니다. 상사의 반응은 지금껏 생각해온 것과는 달랐습니다. 오히려 상황을 이해한다며 다른 방법을 제시했습니다.

생각해 보니 상사는 회의 시간에도 진행 결과가 좋지 않다는 보고를 받거나, 참석자들이 힘든 부분에 대해 의견을 제시해도 늘 '그럼 이렇게 해보는 건 어때요?'라며 다양한 옵션들을 제시했습니다. 무조건 된다는 생각으로 결과만을 위해 일을 하는 것이 아니라 원하는 결과를 얻기 위한 '되게 하는 다양한 방법들에 대해 열린 사고'를 해야 한다는 것을 깨달았습니다.

하루는 해외에서 업무 지원을 나온 직원이 중요한 손님들이 올 예정이라 이틀 내내 사용할 수 있는 회의실 예약을 부탁해왔습니다. 양일 중 첫날이 요청한 당일이라 가능한 회의실을 찾는 것이 어려울 것이라 생각했고 회의실 예약 상태를 보니 안될 것 같아 보였습니다. 우선 예약 창을 닫고, 도움을 주기 어려울 것 같다고 말하려던 찰나에 '아냐, 그래도 한 번 더 찾아보자.' 하는 생각이 들어 다시 창을 열었습니다.

신기하게도 회의실을 사용할 수 있게끔 조율할 방법들이 생각났고 결국 생각보다 쉽게 다 예약할 수 있었습니다. 안 될 것 같다는 생각이 들었을 때 그대로 포기했다면 원하는 것을 얻을 수 없었겠죠. 업무를 해냈다는 성취감과 한 번 더 보면 해결책이 다가오기도 한다는 교훈은 얻을 수 없었을 것입니다.

그래도 안 되면 일단 보고하자

당연하지만 해 보았는데 안 되는 경우도 있습니다. 이럴 때는 일단 보고하는 게 좋습니다.

물론 보고하기 전에 '한 번만 더 해보자!' 하는 마음으로 다시 봐도 방법을 찾지 못하면 보고하는 것입니다. 이때 "네 번이나 해봤는데 안 돼요."가 아니라 시도했던 방법과 결과를 공유하며 조언을 구하는 것입니다.

> "제가 이런 방법으로 해봤는데, 잘 안 되네요. 혹시 다른 방법이 있을까요?"

결과만을 전달하였을 때보다 적극적으로 해결하고자 하는 모습이 비춰지고, 상사는 본인도 함께 더 나은 해결방법을 찾으려는 마음이 절로 들겠죠. 결국, 혼자보다 함께 힘을 발휘하여 원하는 결과를 얻는 데 시너지를 낼 수 있게 됩니다.

기분이 태도가
되어서는 안 된다

사회생활을 하다 보면 늘 불만이 가득한 사람을 주변에서 쉽게 접할 수 있습니다. 아마 청소년기에도 찾아보면 친구들 중에 떠오르는 사람이 있을 것입니다. 항상 자신에게 주어진 상황에서 할 수 없는 이유만 찾고, 안 될 것 같은 부분에만 집중하는 경향이 있습니다. 칭찬이나 격려를 해도 부정적인 상황을 예상하는 답이 돌아오기도 합니다. 이야기를 들으면서 한두 번 좋은 이야기를 해주다 가도 결국 맥 빠지게 되죠. 심지어 도움을 주려다가도 상대의 부정적인 반응이 떠오르면 도와주는 것 자체를 멈칫하게 되기도 합니다.

요즘은 자신을 드러내고, 표현을 확실히 하는 시대이기 때문에 감정을 표현하는 것이 무엇이 문제냐고 할 수도 있습니다. 하지만 솔직한 것을 넘어 자신의 감정 표현으로 인해 당장 상대가 불편함을 느끼게 되면 문제가 됩니다.

업무 지시를 받았을 때 온갖 표정과 태도로 싫은 내색을 보이는 사람, 상사로부터 잘못을 지적받았을 때 '지금 혼나서 기분 매우 안 좋음'이라고 표정에 다 드러나는 사람이 있습니다. 이에 상사도 한 번쯤은 미안한 마음이 들 수 있습니다. 하지만 여러 번 이런 모습을 보게 된다면 '말 한마디도 조심해서 해야 하는 사람', '일 하나 주려고 해도 잘 살펴야 하는 사람'이라고 생각하게 되겠죠. 결국 함께 일하는 데 불편한 사람이라고 느끼게 되는 것입니다.

불편함을 잠재우는 기술

상황이 어떻든 내 감정이 부정의 채널로 맞춰져 있다는 것을 인지하는 게 가장 중요합니다. 뭔가 만족스럽지 못한 상황, 불평불만이 입안 가득 메워지려고 하는 순간 '잠깐! 지금 내가 기분이 좋지 않구나.' 하고 인지하는 것이죠. 일단 그 순간 거름망 없이 나오려던 감정은 한 번 멈칫하게 됩니다. 그때 '에라 모르겠다.' 하면 그 감정이 그대로 표출되겠지만, '잠깐, 뭐가 문제야?' 혹은 '내가 이렇게 화낼 필요가 있을까?'라고 생각해 보세요.

나 자신에게 화가 났을 수도 있고, 상대의 무언가 때문에 기분이 언짢을 수 있지만, 그 순간 '나'에게 더욱 집중하는 것입니다. '내가 지금 피곤한가?', '아, 저 사람 때문에 내 소중한 기분(혹은 하루)을 망칠 수 없지.'라고 생각하는 것입니다. 그리고 물을 한 잔 마시세요. 이를 위해 늘 책상 위에 머그잔이나 텀블러가 있으면 좋겠네요. 따뜻한 물 한 잔 마시고 마음을 이완 시킨 후, '더 좋은 일이 오려고 나에게 이런 일이 생기는가 보다.'라고 자신에게 말해주세요. 순간적인 감정에 본의 아닌 모습을 보여주기보다 상황과 상대를 포용할 수 있는 나 자신임을 스스로 먼저 인정해 주는 것입니다.

긍정적 에너지가 원만한 관계를 만든다

사회는 각자의 역할을 다하며 함께 나아가는 곳입니다. 개인의 감정을 받아주기 위해 사회에 나와 있는 사람은 없습니다. 상대의 감정이나 입장을 배려하지 않은 솔직함은 그저 자신의 뜻대로 되지 않아 응석 부리는 어린아이 같은 태도일 뿐입니다. 상대가 나의 마음을 알아야 하기 때문에 보이는 행동이라 한들 그로 인해 불편한 감정이 생기면 결국 자신이 일하는 데 불편해질 뿐입니다.

억지로 감정표현을 감추며 가면을 쓰라는 의미는 아닙니다. 그것은 오히려 내면에 화의 씨앗을 심는 것이 됩니다. 우리가 할 수 있는 것은 세상을 바라보는 시각을 조금 바꿔보는 것입니다. 상황을 있는 그대로 바라보는 것이죠.

보통 우리의 마음을 불편하게 하는 것은 나의 마음에 들지 않거나, 현 상황을 인정하고 싶지 않을 때입니다. 이 상황을 그대로 유지하기보다는 흘러가는 과정 중 하나로 바라보는 것이죠. 상사의 지적을 받았을 때는 '아, 이걸 못 봤네.', '아, 이걸 이렇게 생각할 수도 있지.' 하며 가볍게 넘겨 보세요. 상사는 자신의 의견을 전달했을 뿐이고, 우리는 그걸 그냥 듣고 참고해서 하던 일을 이어가면 됩니다.

항상 에너지가 넘치고 즐거워 보이는 사람들은 상대의 행동을 부정적인 시각으로 보지 않습니다. 이러한 행동이 불필요한 에너지 소모라는 것을 알고 있기 때문입니다.

대부분의 사람들은 성격이 원만하고 부드러운 사람들을 선호합니다. 매사를 긍정적으로 받아들이고, 노력하는 사람들과 함께할 때는 자신도 모르게 좋은 에너지가 올라오고, 누구라도 그 에너지를 함께 나누면 시너지 효과가 납니다. 반대로 늘 불만이 가득한 사람 옆에 있으면 같이 기운이 빠지고 처지게 됩니다. 함께 무기력해지거나 부정적인 사고가 자라기 시작하죠.

우리가 상대의 에너지에 영향을 받는 것처럼 상대방도 마찬가지입니다. 우리 주변에 어떤 사람들이 있는지도 중요하지만, 내가 먼저 스스로 좋은 에너지를 전달할 수 있는 사람이 되는 것은 어떨까요? 많은 사람들과 원만한 관계를 이루며 유연한 삶을 이루고 싶다면 생각을 긍정의 채널로 맞춰보세요.

조급할수록 돌아가라

모든 일에는 순서가 있습니다. 하지만 우리는 보통 눈앞의 문제를 해결하느라 순서를 생략하거나 뒤바꾸기도 합니다. 그래서 다시 처리해야 하는 상황이 생기기도 하죠. 무언가를 쌓아 올릴 때도 하나하나 잘 살피며 쌓아 올려야 하듯이 우리가 하는 업무도 안정적으로 진행되기 위해서는 일련의 과정을 준수할 필요가 있습니다.

예를 들어 한 부서에 급하게 찾아야 할 물건이 있는데 해당 부서 전체가 문을 잠그고 외출을 했다고 합시다. 담당자에게 전화로 비밀번호를 문의하면 직접 문을 열고 물건을 사용할 수 있겠죠. 저는 실제로 그렇게 했습니다. 당시에는 담당자가 부재중이고 급하니 당연한 처세라 생각했는데, 추후 문제가 발생했을 때 책임자로 지목될 수 있는 일이었습니다. 다른 부서의 비밀번호를 알고 있다는 사실만으로 여러 오해를 살 수도 있으니까요. 충분히 일어날 수 있는 일입니다.

어느 정도 일을 했고 요령이 생기기 시작했다면 이런 부분을 놓치기 쉽습니다. 눈앞의 해결책에 매몰되는 가장 큰 원인 중 하나는 주어진 상황을 바로 해결해야 한다는 조급함 때문입니다. 하지만 원칙대로 하는 것이 대개 안전하고 빠른 방법입니다. 운전할 때도 급할수록 더 주의를 기울여야 하듯이 일을 할 때도 마찬가지입니다. 순서를 바꾸거나 생략하고 일을 진행했다가 후일에 예상치 못한 상황이 생길 수 있습니다.

본인이 성격이 급한 편이라면 이 부분을 보완할 방법을 전수합니다. 딱 1분만 모든 것을 내려놓고, 하려는 일들을 다시 살펴보면서 다음 사항들을 점검하는 겁니다.

'지금 당장 이렇게 해야 할까? 원래 프로세스는 뭐지?'
'혹시 내 마음이 편안해지기 위해 서두르는 것은 아닐까?'

1분만 투자해도 우선순위를 다시 고려할 수 있고, 순차적으로 일을 진행할 여유를 가질 수 있습니다. 정해진 프로세스가 있다면 그에 맞게 진행하고 있는지 다시 한번 체크해 보세요. 말이나 행동이 먼저 나오려고 하면 스스로 '잠깐만'을 외칩니다. 지금 그 말을 꼭 해야 하는지, 그 행동을 하는 게 옳은지 생각해 보는 것입니다. 노트에 하려는 것들을 써 내려가도 되고, 펼쳐놓고 하나씩 살펴봐도 괜찮습니다. 그리고 그것들의 순서를 맞춰보세요.

타인의 말에
흔들리지 않는 기술

신중한 것과 용기가 부족한 것은 다르다

한 가지 결정을 내리기까지 3년간 고민한 적이 있습니다. 3년 내
내 고민한 건 아닌데 결론을 짓고 돌아보니 3년이 지나있었습니
다. 당시에는 신중하게 선택하자는 생각으로 주변에 조언도 구하
고 여러 상황을 고려하며 시간을 보냈습니다. 하지만 결정을 하고
보니 제가 그간 했던 고민은 신중한 것이 아니었습니다. 그저 현재
가지고 있는 것들을 놓는 것이 어려웠던 것입니다. 그 고민은 '퇴
사'였습니다. 그간 이직도 여러 번 하며 퇴사를 해보았지만, 15년
이 넘어가는 경력을 가진 상황에서 커리어를 바꾼다는 것은 물론
신중해야 하는 일이었습니다. 하지만 현실은 용기가 부족해서 결
정을 미룬 것입니다.

'왜 그때 그렇게 하지 않았을까?', '괜히 그분 말 들어서.'라고 고민
하며 지나온 시간을 후회해 봤자 그에 대한 책임은 본인에게 있습

니다. 그들의 말을 듣고 결정을 미룬 것, 그로 인해 얻은 결과는 제가 결정한 거니까요.

내 결정의 책임자는 나

우리는 종종 타인의 이야기를 듣고 생각을 바꾸거나 결정을 보류하기도 합니다. 때론 그들의 말대로 의사결정을 내리기도 합니다. 좋은 결과가 나오면 다행이지만 그렇지 않을 때는 괜히 그 사람을 원망하게 되죠. 조언자에게 책임을 물을 수도 없습니다.

한 회사의 최고 결정권자는 CEO입니다. 사안에 따라 조금씩 다를 수 있지만, 가장 중요하고 영향력 있는 결정들은 대부분 최고경영자의 결정과 책임이 함께 합니다. 이들도 어떤 한 사람의 의견만 수렴하거나 다른 사람의 말만 믿고 결정을 내리지는 않습니다. 그저 참고할 뿐입니다. 이후에 일어나는 상황에 대한 책임은 최종 승인을 한 자신에게 있기 때문입니다.

한 회사의 최고 결정권자가 CEO라면 내 인생의 최고 결정권자는 나 자신입니다. 내가 내린 의사결정에 따라 나의 행보가 달라지니 우선 자신의 선택이 가장 최선이고 좋은 방향이라는 믿음이 필요합니다. 또 지금 나의 마음이 다른 사람들의 조언을 듣고 내가 합리화하고 있는 것은 아닌지, 내가 추구하는 방향에 안정적인 것만을 고려한 것은 아닌지 생각해 보아야 합니다.

사실 우리는 이미 마음속으로 결정을 내렸을 것입니다. 그저 이 생각이 맞는지, 다른 사람들도 동의하는지 궁금하기 때문에 묻게 되는 것입니다. 그러다 반대의 의견을 만나면 내 생각이 혹시나 잘못된 것은 아닐까, 내가 더 깊이 고려하지 못했던 것인가 하는 생각으로 흔들리게 되죠. 하지만 이미 정해진 마음은 스스로 포기하지 않는 한 쉽게 바뀌지 않습니다. 만약 선택한 길로 나아가고자 마음 먹었다면 주변의 이야기는 참고사항으로만 들어보세요. 사람들은 아마 대부분 안정적인 선택을 지지할 것입니다. 자신의 말대로 했다가 잘못된 결과를 보았을 때 그에 대한 원망을 듣고 싶지 않으니까요.

답은 내 안에 있고, 다른 사람의 생각은 그저 참고사항일 뿐이라는 것, 모든 선택의 결과에 대한 책임은 나 자신에게 있다는 것을 인정하고 나면 흔들림 속에서도 중심을 튼튼하게 잡을 수 있습니다.

업무력을 높이는 핵심 습관

- 바른 인성은 스스로를 성장시키는 동력이 된다.
  내면을 가꾸어라.

- 하루의 컨디션에 대해 고민하라.
  오늘의 기분은 컨디션에 달려있다.

- 나를 향한 상대방의 판단에 휘둘리지 말고,
  내 기분이 왜 좋지 않은지를 생각하라.

- 안 되는 일은 최선을 다해보고, 그래도 안되면
  일단 상사에게 보고하고 공유하라.

- 문제 해결을 위한 의지는 긍정적인 마인드에 달려있다.

- 불편한 감정이 들었다면 그대로 표현하지 말고, 왜 불편한지
  생각해 보고 해소하라.

- 1분만 여유를 가져도 조급함을 다스릴 수 있다.

지금 하는 일도 결국
'나'를 위한 것

비교와 타인의 시선은
나를 무너뜨린다

비교할수록 나만 힘들어진다

지금껏 열심히 살아왔고 최선을 다했음에도 무엇인가 더 채워야할 것만 같은 기분이 들 때가 있죠. 시간을 쪼개서 틈틈이 자기계발도 열심히 하지만 그럼에도 부족한 느낌이 들 때가 있습니다. 요즘은 많은 이들이 각자의 개성을 존중하고 서로 다름을 인정하지만, 타인과 비교하는 일은 더 쉬워졌습니다. 비교가 좋지 않다는 것을 알면서도 타인과 비교하는 자신의 모습을 보며 힘들어하는 이들도 있습니다.

예를 들어 매일 새벽부터 하루를 시작하는 사람을 보면서 '나는 일찍 일어나지 못하니 저 사람이 하는 만큼 못하는 거야.'라고 생각하며 스스로 다그치는 것입니다. 직장인들은 회사 밖에서 자신이 하고 싶은 일을 하며 사는 사람들을 보며 '나는 언제쯤 회사가 아닌 나를 위한 일을 할 수 있을까?', '언제쯤 내가 하고 싶은 일을 하며 살 수 있을까?'라고 생각하면서 부러워합니다. 상대와 나의 처지를 비교하는 것이죠.

저도 직장인으로 생활할 때 같은 생각을 했습니다. 비서라는 보직을 수행하며 뿌듯하고 보람된 순간도 있었지만, 연차가 쌓일수록 언제까지 이렇게 남을 위해 일해야 하는가 싶은 고민이 깊어졌고, 나를 위한 일을 하고 싶다는 생각이 들었습니다. 하지만 회사 밖 세상에 나와 하고 싶은 일을 시작하는 순간 깨달았습니다. 회사생활을 통해 얻게 된 경험이 없었다면 헤매는 시간이 더 길었을 것이라는 점입니다. 항상 남을 위해 일해 왔다고 생각했는데 사실 매 순간 자신을 위해 일해 왔던 것입니다.

타인의 시선을 극복하고 나의 중심을 찾아라

가장 먼저 해야 할 일은 나와 다른 남의 모습이 아닌 '남과 다른 나의 모습'을 발견하는 것입니다. 차이가 느껴지나요? 기준을 나에게 맞추고 '내 안의 강점'을 찾아내는 것입니다. 내가 잘하는 것, 할 수 있는 것을 찾는 것입니다.

많은 이들이 과거에도 현재도 잘하고 있는 것이 많지만, 다른 이들과 비교하느라 혹은 타인의 시선에 잣대를 두고 나의 모습을 바라보느라 자신의 능력을 제대로 보지 못하고 있습니다. 다른 사람들의 시선을 의식하고 의견을 듣는 것은 개인의 성장에 자극제가 되어 도움이 될 수 있지만 과하면 결국 타인에 의해 움직이는 삶을 사는 것입니다. 해야 할 일을 자신만의 페이스로 잘 해 나가는 사람들에게서는 여유로움이 느껴집니다. 이는 지금 나의 사고와 마음 상태가 어디에 있느냐에 따라 달라집니다. 조급함, 불안정함은 내 생각의 기준이 내가 아닌 외부에 있다는 신호입니다.

> "(저 사람이 제출하기 전에) 빨리 이거 해야 하는데."
> "내가 이렇게 처리하면 ○○가 △△라고 생각할 텐데."
> "나는 왜 이렇게 일 처리가 느리지?"

회사에서도 다른 사람을 기준에 두고 현재 나의 일을 처리하고 있지는 않은지 점검이 필요합니다. 내가 정말 일 처리가 느린 것이 아닌데도, 타고나긴 손이 빠르거나 바로 행동으로 옮겨 버리는 사람을 보며 내가 느리다고 생각하는 것은 아닐까요?
온전히 나의 속도와 방향을 생각해 보세요. 현재 하는 일들의 일정을 고려하며, 언제까지 하면 되는지, 예상되는 결과가 있다면 그에 대비하여 무엇을 더 보완할지 체크하는 거죠. 기한 내에 처리할 수 있는 방법을 찾으면 됩니다. 원하는 삶으로 자신을 이끌기 위해서는 '자기 중심'의 균형을 잡는 노력이 필요합니다. 지금 사는 인생의 주체가 누구인가요? 바로 당신입니다. 오늘을 어떻게 살지 결정하고, 흔들려도 잡아 줄 수 있는 사람은 나 자신입니다. 당신도 누구보다 여유로운 사람이 될 수 있습니다. 자신의 목소리에 귀 기울여 보세요.

매 순간의 작은 습관이
나를 만든다

순간의 선택이 생활 전체를 바꾼다

우리의 삶은 매 순간 선택의 연속입니다. 매일 아침 지금 침대에서 일어날 것인지 조금 더 잘 것인지, 식사는 무엇을 할 것인지, 외출복은 무엇을 입을 것인지, 커피를 마실지 말지, 운동을 할지 말지, 지금 이 일을 할지 말지, 이메일을 지금 보낼 것인지, 말로 보고할 것인지 등 하루에도 수많은 선택의 순간에 놓입니다. 그러다 어느 한쪽으로 결정을 내리고, 그 결과는 시간이 지난 후 눈앞에 보이게 됩니다. 그 선택들이 모여 우리의 습관으로 자리잡게 되기도 합니다.

일상 속에서의 작은 습관과 그에 따른 결과는 어떤 연관성을 가지고 있을까요? 무의식적으로 자리잡은 습관은 심신의 상태에 영향을 주게 됩니다. 매일 먹는 음식의 종류, 섭취량 등은 건강상태에 영향을 주고, 평소 자세에 따라 체형이 달라집니다. 이 습관의 원리는 일과 삶에도 동일하게 적용됩니다.

퇴근 직전 마무리할 일을 '내일 하지 뭐'라는 가벼운 마음으로 넘기는 습관이 있다면 다음날 출근하자마자 급한 일이 생겨 더 바빠지는 상황을 자주 겪게 됩니다. 사소한 선택의 순간에 내린 결정은 우리의 생활 선제에 영향을 줍니다.

앞으로 살아가고 싶은 삶을 떠올려라

우리는 누구나 생각대로 사는 삶, 자신만의 방식으로 성장하며 사는 삶을 원합니다. 당신도 아마 앞으로 조금은 더 나은 삶을 위해 지금 이 책을 읽고 있을 것입니다. 하지만 어떤 결정을 해야 원하는 것을 얻을 것인지에 대한 고민이 가장 큰 고비가 되겠죠.

"꿈이 있나요?"

한 회사의 면접에서 받은 질문 중 하나입니다. 당시 회사의 CEO였던 면접관은 질문한 이유를 설명해 주었습니다.

> "꿈이 있는지 물어본 것은 꿈이 있는 사람과 없는 사람은 삶을 살아갈 때 큰 차이가 있기 때문이에요. 그래도 꿈이 있다고 하니 그 자체만으로도 너무 좋고 대단하다고 볼 수 있습니다."

꿈은 인생의 목표이기도 해서 결정을 내려야 하는 순간 이정표가 되어줍니다. 회사 이직을 고려하거나, 고민이 이어질 때도 어느 쪽으로 선택할지 그 방향을 결정할 때 도움을 줍니다. 현재의 당신은 어떠한가요? 원하는 삶을 살아왔나요? 혹시 주변의 여러 상황으로 인해 그렇지 못했다는 생각이 드나요?

일반적으로 사람들은 상황을 현실이라는 조건 속에서 생각하기 때문에 '하고 싶은데, 지금은 무엇 때문에 어려워.', '나중에.', '지금은 아닌 것 같아.'라는 말을 하며 생각을 접습니다. 결정을 보류하는 것이죠. 물론 현실적으로 지금 당장 어려운 일도 있을 것이고, 나중에 할 수밖에 없는 것도 있을 것입니다.

하지만 지금 해야 하는 선택, 하고자 하는 일의 기준은 현재 상황이 아니라 목표에 따라 판단되고 결정되어야 합니다. 목표를 정한 후 그것을 이루어 나가기 위해 현재의 조건을 확인하고 그 속에서 방향과 방법을 찾아가야 합니다. 지금은 아니라는 생각은 언제까지고 이어질 것이고, 결국 원하는 목표는 늘 손에 닿지 않게 됩니다.

원하는 대로 산다는 것은 목표를 향해 가는 것이다

내가 원하는 삶을 산다는 것은 원하는 이상향, 목표를 정하고 그것에 맞춰 현재 할 일을 직접 결정하고 조정하는 것입니다. 매 순간 목표를 향한 결정을 한다면 그것은 곧 당신이 원하는 것에 가까워지게 합니다. 기회는 준비된 사람만이 잡을 수 있다는 말은 곧 평소에 자신이 나아가고자 하는 방향이 뚜렷해야 한다는 것을 의미합니다.

현명한 선택을 하고 싶다면, 인생의 목표를 설정해 보세요. 인생의 목표, 꿈이라 하니 거창해 보일 수 있습니다. 쉽게 말하면 '어떤 삶을 살고 싶은지', '어떤 (역량을 가진) 사람이 되고 싶은지' 등에 대해 생각해 보는 것입니다. 현재보다 나은 혹은 원하는 이상향을 그려 보세요. 그것이 곧 목표 지점이 되고 방향의 키가 되어줄 것입니다. 가끔은 결정에 의문이 들 수도 있습니다. 선택하지 않은 쪽에 대한 아쉬움, 알 수 없는 기대감 때문입니다. 그런데 반대의 선택을 하였더라도 같은 고민을 할 것입니다. 현재 결정이 최선이 되도록 하기 위해서는 항상 목표를 생각하고 행동에 집중해야 합니다.

기회를 만드는 기술

같은 후회를 반복하지 마라

"비서직으로 지원하셨는데, 이번에 신설된 해외사업부에서 일해 보
시는 건 어떠신가요?"

면접 후 귀가하던 길에 전화 한 통을 받았습니다. 지원한 포지션에
대한 합격 소식이 아니라 다른 직무에 대한 제안이었죠. 면접 후 같
은 회사에서 다른 포지션을 제안받은 것은 두 번째 일이었습니다.
첫 번째 제안을 받았던 회사에서는 기존에 쌓아오던 커리어와 달라
단번에 거절하였습니다. 이번에도 여러 생각이 오갔지만 결국 제안
을 받아들이기로 하였습니다. 경험해 보지 않았던 직무에 도전하기
로 한 것이죠. 같은 상황이지만 처음 제안받았던 회사는 거절하고
두 번째는 받아들인 이유는 후회를 반복하지 않기 위해서입니다.

'다른 커리어 경험을 해 보기 쉽지 않은데
그냥 해 볼 걸 그랬나?'

사실 첫 제안에서 해보지 않은 것에 대한 후회가 남았던 것입니다. 하지만 이미 버스는 지나간 후였습니다. 그리고 두 번째 제안이 왔을 때는 기회라 생각하고 제안을 받아들였습니다.

'같은 후회는 반복하지 말자.'

잘 할 수 있을지 없을지에 대한 고민은 얼른 접었습니다. 사용하는 언어부터 업무 프로세스까지 모든 것이 생소했지만 하나씩 배워나갔습니다. 사람은 적응하는 동물이라는 것을 증명하듯 조금씩 다른 동료들의 속도에 맞춰갔습니다.

선택해야 하는 순간이 왔다면 기회다

우리가 선택의 기로에 서 있다는 것은 기회가 주어졌다는 것입니다. 지금의 결정이 후에 어떤 결과를 가져올지는 아무도 모릅니다. 분명한 것은 어느 쪽을 선택하든 얻는 것이 있다는 것입니다. 기회를 통한 변화와 도전은 늘 우리에게 무엇인가 배울 수 있는 또 다른 기회를 가져다줍니다. 아직 완벽한 준비가 되어 있지 않다고 생각되나요? 완벽한 준비는 없지만 하다 보면 완벽해지는 것은 많습니다. '내가 과연 할 수 있을까?' 하는 의문이 드나요? 이미 충분히 해낼 수 있는 자격과 잠재력을 갖추고 있기에 주어진 상황입니다. 부탁이나 제안은 최소한 가능성이 보이는 사람에게 주어지는 것이니까요.

처음부터 눈앞에 주어진 상황이 기회인지 아닌지 따져볼수록 선택은 두려워지고, 의심은 커집니다. 그럴수록 내가 한 선택이 현명한 선택이 될 수 있도록 더 집중하고 노력하면 됩니다.

기회는 기다리는 것이 아니라 찾아가는 것이다

만약 상사가 당신에게 새로운 것을 제안했다면 그 역시 당신의 역량을 믿고 전달하는 것일 가능성이 큽니다. 당신만의 경험을 토대로 마음껏 기량을 펼치면 됩니다. 모두에게 기회가 주어지진 않습니다. 내 앞에 놓여진 기회를 더욱 소중히 해야 합니다. 하지만 언제까지 기다리고만 있을 수는 없습니다. 기다리고 있다가 기회인지조차 모르고 흘려보낼 수도 있습니다. 원하는 길이 있다면 기회를 찾아가야 합니다.

지금도 우리 눈앞에는 무수한 기회들이 스쳐 지나가고 있습니다. 그것을 잡느냐 흘려보내느냐는 자신의 몫입니다. 남 일인 듯 대하면 남의 것이 되어버리고, 나와 조금이라도 관계가 되어 있다고 생각한다면 그 결실은 나의 것이 됩니다. 기회는 주어지는 것이 아닙니다. 지금 바로 주어진 것을 기회로 만들어 보세요.

롱런(Long Run)하려면
롱런(Long Learn)하라

"롱런(Long Run)하려면 롱런(Long Learn)해야 한다. 인생길 오래 가고 싶다면 오랫동안 배워야 한다는 뜻이니 나이에 상관없이 늘 열린 마음으로 살려고 노력한다. 내가 가장 경계하는 건 경험과 능숙함, 통찰의 덫에 빠지는 것이다. 경험이 많은 것만 믿으면 그 안에 갇혀 버리고, 능숙함만 믿으면 거기서 발전이 없고, 자신의 통찰만 믿으면 마음이 닫혀 버린다."

성우 배한성의 성우 생활 50년 기념 인터뷰 내용 중 일부입니다. 늘 열린 마음으로 배우고 노력해야 자신이 원하는 삶을 이끌어 갈 수 있다는 메시지를 담고 있습니다. 이는 오랜 기간 전문성을 쌓은 사람들의 공통점이기도 합니다. 그들은 현실에 안주하지 않고 항상 겸손함을 유지합니다. 일을 통해 만나게 된 최고경영자들은 대중들에게 성공한 인물이라 인식되어 있어도 하나같이 자신을 드러내려 하지 않고, 좋은 일을 하고도 남들 다 하는 일이므로 대수로울 것이 없다고 말합니다. 시간이 허락하는 한 다양한 모임에서 다양한 사람들과 교류하고, 부족한 부분은 배우려고 노력합니다.

한 기업의 부회장은 미국 국적을 가진 시민권자로 영어로 대화하는 것이 더 편하지만, 한국어도 잘 구사합니다. 중국 사업 진출을 위해 출장 시마다 교재를 전자파일로 만들어 다니면서 시간이 날 때마다 중국어를 공부했습니다. 새로운 정보를 접했을 때는 이해하는 것을 넘어 자신의 것으로 만들기 위해 노력했습니다.

조언을 해줄 선배를 찾아라

직책이 높아질수록 조언을 구하고 싶을 때 만날 수 있는 선배는 한정적이고, 늘어나는 책임감 때문에 자신의 업무 방식이 맞는지, 앞으로 어떻게 해야 하는지 막막함을 느끼기도 합니다.

이때 우리가 보다 쉽고 빠르게 지혜를 얻을 수 있는 방법은 책입니다. 책을 통해 타인의 경험을 간접적으로 체험하며 방법을 찾을 수 있습니다. 독서를 하며 생각을 정리하고, 배운 것들을 직접 적용해 보며 자신의 것으로 만드는 것도 중요합니다. 시간이 허락한다면 모임을 만들어 다양한 사람들과 정보와 의견을 공유하고 지식을 나누는 것도 하나의 방법입니다.

독서 외에도 라디오에서 나오는 사람들의 사연, 지나가는 사람들의 모습, 우연히 들어간 가게에서의 에피소드 등을 통해서도 배우고 아이디어를 얻을 수 있습니다. 우리 일상에는 배울 수 있는 것들이 이미 가득합니다. 이 상황들을 어떻게 받아들이느냐에 따라 나의 것이 될 수도 있고 스쳐 지나가는 일상이 될 수도 있는 것입니다.

배움은 책이나 학원에서만 하는 것이 아니라 사람을 통해서도 가능합니다. 내가 배우고 싶고, 존경하는 사람은 물론 나와 다른 사람, 나와 잘 맞지 않는 사람도 스승이 될 수 있습니다. 별것도 아닌 것으로 뭐라고 하는 상사, 안하무인의 상사 등 나를 힘들게 하고 이해가 되지 않은 사람을 통해서도 최소한 그와 같은 사람이 되지 않아야지 하는 깨달음을 배우는 것입니다. 내 앞에 있는 상대는 나의 거울이라고도 합니다. 그 거울을 잘 활용해 보세요. 때로는 내가 앞으로 경험하게 될 일을 먼저 보여주는 경우도 많습니다.

회사가 아닌 내 삶에서의 나

일하면서 슬럼프를 겪지 않는 방법이 있다고 하면 그것은 거짓말입니다. 하지만 슬럼프가 길지 않도록 하는 방법은 있습니다. 꾸준한 자기계발을 통해 스스로를 끌어 올리는 것이 그중 하나입니다. 아직 배워야 할 것이 많고 스스로 더 노력해야 한다고 생각하는 사람들은 매 순간 앞으로 나아갈 상황들에 자연스럽게 놓여집니다. 그것이 반드시 달콤한 성공의 순간만을 의미하지는 않습니다. 때로는 실패와 시련을 경험하지만, 그것을 통해 배우며 앞으로 나아가게 됩니다.

일 잘하는 사람들은 상황 속에서 다양한 것들을 스스로 배우고 익힙니다. 자신의 목표와 방향에 맞는 자기계발이 무엇인지 스스로 판단하고 찾아 나갑니다. 하지만 '지금도 괜찮아.'라고 생각하는 사람들은 특별히 더 배워야 할 것이나 나아져야 한다는 필요를 느끼기 어렵습니다.

이제는 회사라는 조직 속의 내가 아닌 전체적인 삶 속에서의 나를 바라보고 앞으로 어떻게 살아가고 싶은지, 무엇을 해야 하는지 생각하며 '나'라는 브랜드를 만들어 나가야 하는 시대입니다. 전문성을 키우고 지속적인 활동을 하기 위해서는 계속 배우려는 자세로 자기계발을 하며 현재의 나를 객관적으로 점검하는 것이 필수입니다.

내게 상처 주는 사람을 바라보는 관점을 바꿔라

상사 혹은 동료 중에 다른 사람에게 상처를 주는 말을 자주 하는 사람이 있나요? 흔히 타인에게 상처를 주는 사람은 본인이 상처투성이라 자신을 지키고자 더 그런 행동을 보이기도 합니다. 방어 태세를 취하는 것이죠. 그에 감정적으로 대응하고 반응하면 결국 그 에너지가 나에게 전염되는 것입니다. 그 연결고리를 끊기 위해서는 '저 사람이 또 어딘가 상처가 덧나고 있구나.'라고 생각하고 넘기는 자세가 필요합니다. 상대를 내가 원하는 대로 바꿀 수 없으니 내가 마음의 관점을 조금 바꾸는 것입니다. 치료해 줄 수는 없지만, 어딘가 아픔이 있다는 사실 정도는 이해해 줄 수 있으니까요.

늘 나만 상처받는 입장일 수는 없습니다. 본의 아니게 타인에게 상처를 주게 될 수도 있고 감정을 상하게 만드는 경우도 있습니다.

언젠가 나에게 상처를 준 사람과 같은 입장에 놓일 수 있지만, 그와 같은 처세를 하지 않도록 나쁜 예의 샘플로 삼아 보세요. 같은 입장에 놓이더라도 조금은 더 여유롭게 대처할 수 있을 것입니다.

일을 넘어
삶의 가치를 찾아라

이제는 한 사람이 하나의 직업이 아닌 여러 개의 직업을 가지게 되었습니다. 예전에는 특정 분야 하나만 잘해서 그 분야의 전문가가 되려고 노력했다면 현대인들은 자신이 가지고 있는 재능을 발견하고 그것을 통해 사람들과 소통하며 자신의 존재 가치를 전하려고 노력합니다.

마크로밀엠브레인에서 성인 1천 명을 대상으로 평생직장 등의 직업관 및 긱 경제 관련 인식에 대한 설문조사를 한 결과, 응답자의 61.9%에 달하는 사람들이 "하나의 직업만 추구하기보다는 다양한 경로의 대안을 생각 중이다"라고 답했습니다. 이러한 트렌드에 맞춰 퇴근 후에는 자기계발이나 취미 활동에 시간을 할애하는 사람들이 많아졌습니다. 업무와 별도로 자신의 삶에서 즐거움을 찾고, 내가 무엇을 좋아하는지, 내가 진정으로 하고 싶은 일이 무엇인지에 대한 관심이 더 많아지고 있는 것입니다. 즉 이제 더 이상 우리는 회사라는 브랜드 속의 내가 아닌 '나'라는 브랜드의 일부에 회사가 존재한다는 것을 직접 보여주고 있는 것입니다.

내 삶의 철학이 곧 나아가야 할 방향이다

모든 회사는 비전, 철학, 가치관을 가지고 그에 따른 제품을 만들어 소비자에게 전달합니다. 요즘은 비슷한 제품들이 우후죽순 늘어나고 있기 때문에 특별한 차이를 보여주기 위해 기업의 철학, 가치관을 담을 메시지를 함께 전달하는 경우가 많습니다. 비슷한 기능을 가지고 있다면 어디에 가치를 두고 만들었느냐가 더 중요해진 것입니다.

회사를 선택할 때 회사의 가치관, 비전을 보는 것도 같은 맥락입니다. 그리고 이것은 개인에게도 적용됩니다. 삶을 대하는 개인의 철학은 직업을 선택하는 것뿐 아니라 회사 안과 밖에서 어떤 활동을 하고 행동할지의 기준이 됩니다.

자신에 대해 알려는 노력을 하면 할수록 가치관은 뚜렷해집니다. 삶의 가치관을 찾는다는 것은 내가 추구하는 삶의 방향 그리고 그 이유를 찾는 것입니다. 라이프 컨설팅을 하다 보면 많은 이들이 '나누는 삶'에 대한 가치관을 가지고 있음을 알 수 있습니다. 자신의 경험, 노하우를 나누기도 하고, 좋은 에너지를 주변 사람들에게 전하고자 하는 마음을 가지고 있습니다. 이러한 가치관은 하루아침에 떠오를 수도 있지만 대개는 순차적으로 단계를 거치게 되어 있습니다.

일 잘하는 사람들은 자신만의 삶의 비전이 있습니다. 원하는 삶에 대한 큰 그림을 그리고 그에 대한 목적과 목표가 분명합니다. 그리고 매일의 일상이 원하는 삶을 위한 한 걸음이라 생각하며 나아갑니다. 선택의 순간에도 자신의 가치관에 따라 판단하고 결정하기 때문에 소요되는 시간도 짧습니다. 이는 삶의 가치관 정립이 잘 되어 있는 좋은 예입니다.

내가 원하는 삶에서의 '나'는 현재 몸담고 있는 조직에서의 나를 의미하는 것이 아닙니다. 회사 밖에서 나만의 입지, 회사가 아닌 전체 삶에서의 나를 보고, 다가올 삶을 준비해야 합니다. 지금 회사에서 하는 일을 언제까지 할 수 있을지 장담할 수 없습니다. 20년 넘게 한 직장에서 일하던 사람도 회사의 사정으로 하루아침에 직장을 잃기도 합니다. 이러한 시대에 현재에 머무르는 것은 현상 유지가 아닌 퇴보입니다. 생각대로 삶을 이끌어 나갈 수 있는 준비를 시작해야 합니다.

목표의 범위는 삶 전체로 두자

일반적으로 사람들은 목표를 설정할 때 현재 몸담고 있는 회사에서 자신의 위치, 역량을 고려합니다. 커리어 목표가 될 수도 있고, 삶에 대한 목표가 될 수도 있습니다. 회사에서 어느 정도의 포지션까지 성장할 수 있는지 고려하면서 목표들을 달성하기 위해 노력합니다. 그 과정에서 느끼고 배우는 것들을 통해 목표는 한 단계 업그레이드가 됩니다. 그렇게 회사나 커리어에 국한되던 목표는 결국 점점 '내가 원하는 삶'으로 넓어집니다.

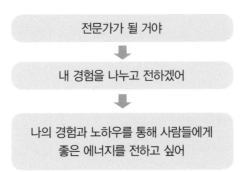

만약 아직 나에 대해 생각해 보지 않았다고 해도 괜찮습니다. 이제부터 시작하면 되니까요. 추상적이어도 괜찮습니다. 향후 몇 년 후를 생각해도 좋고, 막연한 미래를 그려보아도 좋습니다. 어떤 사람으로 기억되고 싶은지, 삶을 살아가는 데 있어서 나에게 가장 중요한 것은 무엇인지 하나씩 적어 보세요. 사랑, 돈, 명예, 가족 등 여러 가지가 떠오를 것입니다. 그리고 그중 절대 포기할 수 없는 한 가지 혹은 나에게 가장 소중한 가치를 선택해 보세요. 여러 가지여도 괜찮습니다. 그것들을 포괄할 수 있는 하나가 곧 나올 것입니다.

지금이 바로 시작할 수 있는
완벽한 타이밍이다

모든 것을 준비하고 시작할 수는 없다

해보지 않은 일에 대한 두려움은 누구나 가지고 있습니다. 미래에 대한 막연함 때문에 무엇인가 더 해야 할 것 같은데 가보지 않은 길이기에 앞에 어떤 일이 생길지 모르겠고, 막상 시작하려니 아직 완벽하게 준비되지 않은 것 같다는 생각으로 계속 주춤거리게 됩니다. 그러는 와중에 성장에 대한 욕구는 커져 지금 하지 않으면 도태될 것 같아 불안하기도 합니다.

하지만 잘 생각해 보면 우리는 모두 당장 1초 후 일어날 일에 대해서도 알 수 없습니다. 매 순간을 완벽하지 않은 채 맞이하고 시간이 흐르는 대로 사는 것입니다. 완벽을 추구하는 사람들은 매사를 세심하게 살피고 다른 사람들이 보지 못하는 부분까지 챙겨서 일을 처리하지만, 결과를 보면 더 보완해야 하는 사항이 보입니다. 결론은 완벽하지 않았던 것이죠. 주어진 상황에서 최선을 다하는 것은 완벽에 가까워지는 것일 뿐, 늘 어느 하나의 틈은 있기 마련입니다. 주변 사람들과 본인이 하고 싶은 일에 관한 이야기를 나누다 보면 대부분 완벽하게 준비하고 시작하려고 합니다. 저도 사업을 하기 위해 매일 아이디어를 정리해 두고, 체크리스트를 살펴 가며 나름 꼼꼼히 준비했습니다. 알고 있는 지식과 주변의 조언을 총동원해서 준비했지만 이렇게 준비하는 것이 맞는지도 확신할 수 없었습니다. 걸어보지 않았던 길이다 보니 혼자 이런저런 경우의 수를 생각해 보는 것이 최선이었습니다.

막상 사회생활을 해보면 가장 완벽한 때는 상상만 하던 일상에서 한 걸음 내디뎌 현실로 나오는 때입니다. 완벽을 위한 준비는 그저 준비일 뿐입니다. 완벽을 추구하는 것은 좋지만, 그것을 위한 준비라는 생각으로 무엇인가를 미루는 것은 자기합리화이거나 당장 시작할 용기가 부족한 것입니다.

사람들은 완벽한 상태라야 온전하고 최상의 컨디션이라 생각하지만 그런 상태는 없습니다. 완벽을 위해 스스로를 힘들게 하지 않았으면 합니다. 완벽하지 않다는 것은 계속 성장할 수 있다는 것입니다. 이 세상에 완벽한 전문가는 없습니다. 전문가는 아는 것이 많고, 자신만의 노하우가 많을 뿐입니다. 하지만 그들도 모든 것을 알 수는 없습니다.

우리도 그중 한 사람입니다. 자신만의 전문 분야는 있지만 우리는 보통 그것이 드러나거나 다른 사람들에게 인정받기 전까지 나는 잘하는 게 없는 것 같다는 생각을 하게 되고, 다른 이들과 비교합니다. 하지만 그들에게 없는 것이 나에게 있을 수 있습니다. 우리는 남들이 나에게 집중하는 나의 것을 찾아야 합니다.

세상의 변화는 앞으로 더욱 빨라질 것입니다. 그만큼 더 다양한 사람들과 관계를 맺으며 살아가게 될 것입니다. 그 안에서 삶의 주인이 되고 변화의 흐름에 맞추어 성장하기 위해서는 항상 스스로 주체의식을 가지고 리드해나가야 합니다. 그러기 위해서 최종적으로 원하는 삶의 이상향과 목표, 목적을 생각해 보아야 합니다.

목표에도 지속적인 변화가 필요하다

간혹 정해 놓은 목표를 달성하는 것을 성공의 척도로 삼는 사람들이 있습니다. 이 경우 그다음 목표가 준비되어 있지 않다면 더 나아가야 할 방향을 혼란스러워하고, 달성해야 할 목표가 사라지면서 공허감을 느끼게 됩니다. 목표 달성은 한 단계 성장했다는 것뿐이고 끝이 아닙니다. 목표도 주기적으로 업데이트가 필요한 이유입니다.

우리가 원하는 모든 것은 상대에게 바랄 때가 아닌, 내가 먼저 그것을 내어줄 때 더 큰 선물로 우리 손에 들어옵니다. 시시각각 변화하는 시대에 변하지 않는 것들도 있습니다. 완벽한 준비란 없고, 세상의 중심에 내가 서야 합니다. 자신만의 콘텐츠를 만들어 세상 속의 나로 설 수 있도록 현재의 위치에서 최선을 다하는 사람이 되길 바랍니다. 완벽한 준비가 된 때는 지금입니다. 바로 실행하는 것이 가장 완벽한 때입니다.

성과 내는 일습관

진짜 레벨업을 위한 습관: 나눔

사람들은 본능적으로 누군가에게 도움이 되는 존재가 되고 싶어 합니다. 특히 자신이 알고 있는 정보나 노하우를 알려주고자 하는 욕망은 누구나 가지고 있습니다. 타인에게 무엇인가 해 줄 수 있다는 것만으로도 나의 존재 가치를 인정받는 기분이 들기 때문입니다.

밖으로 드러나지 않은 정보들은 다시 생각해 볼 기회가 드뭅니다. 공부할 때도 시험을 보아야 내 안의 지식이 정리되면서 아는 것과 모르는 것이 확실히 각인되듯 내가 가지고 있는 것을 밖으로 드러내어 타인에게 전할 때 완전히 내 것이 됩니다. 강의를 준비하고 진행할 때 배우는 것이 더 많아지고 일도 누군가에게 알려줄 때 정리가 됩니다. 떠다니던 아이디어도 주변에 이야기하다 보면 정리가 됩니다.

나의 성장이 한 단계 업그레이드되는 순간은 바로 내 안의 것을 누군가에게 알려줄 때입니다. 지금 바로 도움이 필요한 누군가에게 당신의 것을 나눠주세요.

업무력을 높이는 핵심 습관

- 모든 선택의 결과가 내 책임이라고 생각하면
  타인의 말에 휘둘리지 않을 수 있다.

- 타인의 시선을 지나치게 신경 쓰거나, 그들과 비교하지 마라.

- 순간순간 작은 선택을 할 때도 자신의 목표와 꿈을 고려하라.

- 기회는 찾아오지 않는다.
  기회를 찾아가서 잡기 위해서는 용기만 있으면 된다.

- 일상 속에서 배울 수 있는 것들을 발견하고 마음껏 배워라.

- 준비가 된 순간은 할 일이 떠오른 지금이다.
  지금 당장 움직여라.

저는 현재 제주에 살고 있습니다. 서울에서 직장생활을 하며 시작된 집필이 제주에서 마무리되었네요.

지금은 직장인이 아닌 저만의 비즈니스를 하면서 24시간을 온전히 자신을 위해 사용하고 있습니다. 서울과 제주를 오가며 일하는 일상 때문에 습관의 중요성을 더욱 절실히 느끼고 있죠. 갑자기 많아진 시간과 새로운 일 속에서 어떤 습관을 가지고 살아가느냐에 따라 많은 것이 달라진다는 것을 체감하는 중입니다.

직장생활을 할 때는 일을 잘해서 인정받고만 싶었습니다. 그러나 지금은 평소 나와 남에게 도움이 되는 방향으로 마음가짐과 행동을 갖추는 것을 목표로 하고 있습니다. 일을 잘하는 것에 목표를 두는 것이 아니라, 나 스스로 중심을 잘 잡으면 그로 인해 형성되는 습관들이 삶을 자연스럽게 좋은 방향으로 이끌어 준다는 것을 깨달은 것이죠.

우리는 현재까지 살아온 것처럼 앞으로도 사회생활을 하며 다양한 사람들과 상황들을 마주할 것입니다. 그 안에서 가장 중요한 사람은 나 자신이고 자신을 인정해 주는 것이 가장 중요하다는 것을 기억했으면 합니다.

제 이름으로 된 책을 통해 이야기를 전할 수 있도록 많은 도움을 주신 분들에게 감사의 인사를 전하고 싶습니다.

책의 시작부터 마무리까지 제 이야기에 공감과 고민을 함께 하고 적극적인 응원과 세심함으로 지원해 주신 박윤경 차장님, 독자들에게 이야기가 잘 전달될 수 있도록 다각도로 고심하며 도움을 주신 김동섭 편집자님 감사합니다. 집필하는 데 기반을 다지고 조언을 구할 때마다 따뜻한 응원을 보내 주신 세컨드브레인연구소 이임복 대표님께도 감사 인사 올립니다.

저에게는 함께 사회생활을 했던 상사들과 직장 동료, 저와 인연이 닿았던 모든 분이 스승입니다. 덕분에 지금 이 책의 내용이 만들어질 수 있었습니다.

무엇보다 이 세상의 빛을 볼 수 있게 해 주시고 살아올 수 있게 해주신 부모님과 언니, 늘 하고 싶은 일을 하며 살 수 있도록 물심양

면으로 도와주는 남편, 고맙고 사랑합니다.

마지막으로 이 책을 읽어 주신 독자분들에게 감사 인사 올리며 앞으로도 좋은 기회로 뵐 수 있기를 바랍니다. 오늘도 우리 삶을 더욱 가치 있게 해 주는 습관들로 채워 나가 보아요!

하지은